FRAGMENTS ET TÉMOIGNAGES

LES ATOMES, L'ÂME, LE BONHEUR

BIBLIOTHÈQUE DES TEXTES PHILOSOPHIQUES
Fondateur Henri GOUHIER Directeur Emmanuel CATTIN

DÉMOCRITE

FRAGMENTS ET TÉMOIGNAGES
LES ATOMES, L'ÂME, LE BONHEUR

Traduction
par
Maurice SOLOVINE

Révision de la traduction, introduction et notes
de
Pierre-Marie MOREL

LIBRAIRIE PHILOSOPHIQUE J. VRIN
6 place de la Sorbonne
PARIS V[e]

Imprimé en France
ISSN 0249-7972
ISBN 978-2-7116-2942-8
www.vrin.fr

INTRODUCTION

Au-delà des influences qu'elle exerce sur la philosophie antique, et plus particulièrement sur l'épicurisme, la pensée de Démocrite demeure présente tout au long de l'histoire des sciences et de la philosophie. Elle trouve un écho dans la théologie arabe du Kalām dès le IXe siècle. Elle inspire chez Nicolas d'Autrécourt, au XIVe siècle, une critique de la finalité. Elle demeure d'actualité au début du XVIIe siècle chez Gassendi. Descartes témoigne également, bien que négativement, de l'importance de la conception démocritéenne de la nature en manifestant le besoin de s'en démarquer à la fin des *Principes de la Philosophie* (IV, § 202). Diderot confie à Sophie Volland, à propos du *Rêve de d'Alembert*, rédigé en 1769 : « Si j'avais voulu sacrifier la richesse du fond à la noblesse du ton, Démocrite, Hippocrate et Leucippe auraient été mes personnages. » On ne saurait donc s'étonner que F.A. Lange commence son *Histoire du matérialisme*, en 1866, en soulignant l'importance de Démocrite. On sait d'autre part que Marx présenta en 1841 une thèse sur la « Différence de la philosophie naturelle chez Démocrite et chez Épicure ». Mentionnons enfin l'hommage rendu à Démocrite par Jacques Monod qui place *Le Hasard et la Nécessité* (1970) sous son autorité.

Il est toujours paradoxal de faire l'éloge des textes anciens pour leur modernité supposée ou pour leur postérité. Quoi qu'il en soit, ce bref parcours montre bien que les questions posées par la philosophie de Démocrite attestent assez l'importance de ses enjeux pour expliquer sa fortune : l'être est-il absolument un et immobile ou n'est-il pas plutôt multiplicité d'êtres, des atomes en l'occurrence, dont l'éternel mouvement dans le vide permet de fonder la diversité des phénomènes ? Le monde est-il l'œuvre d'une Providence ou d'une intelligence organisatrice, ou bien ce monde, comme tous les autres, n'est-il pas plutôt le résultat du hasard et de la nécessité ? Que pouvons-nous cependant savoir de ces atomes imperceptibles et de ce vide qui, pour Démocrite, est une forme de non-être ? L'homme n'a-t-il pas une fin qui lui est propre, dans cet univers mécaniquement déterminé, fin qui pourrait finalement consister dans une joie rationnelle, dans la tranquillité que procure la mesure des plaisirs ?

ÉLÉMENTS BIOGRAPHIQUES

De la vie de Démocrite, nous savons assez peu de choses. Sa datation tout d'abord est discutée, les informations données par les Anciens à ce sujet ne se recoupant pas toujours. Diogène Laërce lui-même rapporte des estimations divergentes[1]. Si l'on en croit Apollodore[2], Démocrite est né lors de la quatre-vingtième olympiade, c'est-à-dire entre 460 et 457 avant J.-C. C'est

1. Voir le texte n° 1, *Vies*, IX, 41, voir H. Diels, W. Kranz, *Die Fragmente der Vorsokratiker* (ci-dessous : DK), témoignage 68 A 1.

2. Auteur de *Chroniques*, au IIᵉ siècle avant J.-C.

la datation la plus généralement retenue. Cependant, Diogène cite également Thrasylle[1], pour qui Démocrite serait né vers 470-469, comme Socrate. Enfin Diodore de Sicile[2] fait remonter la date de sa naissance à 494. Les témoins s'accordent tous pour prêter à Démocrite une vie très longue, entre quatre-vingt-dix et cent neuf ans. Si nous suivons la datation d'Apollodore, sa mort doit donc se situer vers 360-356. Quant à Leucippe, présenté soit comme le maître[3], soit comme le compagnon[4] de Démocrite, il devait être de quelques années son aîné et sur sa vie nous savons moins de choses encore. L'essentiel pour la lecture de Démocrite est d'avoir présent à l'esprit qu'il est contemporain de Socrate.

Né à Abdère, au nord de la mer Égée, près de l'actuelle Xanthi, il a de toute évidence beaucoup voyagé : en Inde, comme après lui Anaxarque et Pyrrhon, mais également en Perse et en Éthiopie[5]. On retiendra également son probable séjour à Athènes, pendant lequel il aurait écouté Socrate sans se présenter à lui, dédaignant de se faire connaître.

Diogène Laërce nous apprend qu'il subit des influences diverses. Par l'intermédiaire de Leucippe, il rencontre la problématique éléatique de l'être-un que

1. Astrologue alexandrin proche de Tibère, né vers la fin du Ier siècle avant J.-C., nous lui devons le précieux catalogue des œuvres de Démocrite, que cite Diogène. Il a également composé un catalogue des œuvres de Platon.

2. Historien du Ier siècle avant J.-C., auteur d'une *Bibliothèque historique*. Voir DK 68 B 5.

3. Voir par exemple DK 67 A 2, Diogène Laërce, X, 13.

4. Voir texte n° 27, Aristote, *Métaphysique*, A, 4, 985 b 4 [DK 67 A 6].

5. Voir texte n° 1, Diogène Laërce, IX, 35 [DK 68 A 1].

leur philosophie commune cherche à dépasser[1], mais il hérite également de la physique des philosophes de Milet. On ne peut assurer qu'il ait rencontré Anaxagore, mais il s'en inspire, fût-ce négativement, et souscrit à sa formule selon laquelle « les phénomènes sont une vision des choses cachées[2] », un aperçu de l'imperceptible. On le dit intéressé par le pythagorisme et il est possible qu'il ait fréquenté Philolaos[3]. Enfin, il connut probablement le sophiste Protagoras, souvent présenté comme abdéritain, et critiqua son affirmation selon laquelle toutes les représentations sont également vraies[4]. Ses relations éventuelles avec Socrate et Platon demeurent tout à fait mystérieuses, et cela d'autant plus que Platon ne le mentionne jamais, se contentant de quelques allusions. Selon Diogène Laërce[5], il aurait même entrepris de brûler ses écrits parce qu'il voyait en lui un adversaire particulièrement redoutable.

Cette diversité d'inspirations ne diminue en rien l'originalité de sa philosophie. Les influences qu'il a exercées par l'intermédiaire de ses disciples le montrent suffisamment. Parmi ceux-ci, Métrodore de Chio eut pour élèves, selon la Suda[6], Anaxarque et le médecin Hippocrate. Par la médiation d'Anaxarque, Démocrite exerce également son influence sur Pyrrhon, le fondateur

1. Voir notamment textes nos 23, 27, 418, 419.

2. Voir texte n° 171, Sextus Empiricus, *Contre les mathématiciens*, VII, 140 [DK 68 A 111] et chez Anaxagore DK 59 B 21 a.

3. Voir texte n° 1, Diogène Laërce, IX, 38 [DK 68 A 1].

4. Voir texte n° 168, Sextus Empiricus, *op. cit.*, VII, 389 [DK 68 A 114] et dans le dossier, D. 14, Plutarque, *Contre Colotès*, 1108 F [DK 68 B 156].

5. Voir texte n° 1, Diogène Laërce, IX, 40 [DK 68 A 1].

6. DK 68 A 2. La Suda est un lexique du Xe siècle, que l'on a longtemps cru être l'œuvre d'un certain Suidas.

de la tendance sceptique[1]. Autre disciple abdéritain d'importance, Nausiphane dut être pour un temps le maître d'Épicure[2] et lui transmit probablement l'enseignement de Démocrite. D'une manière générale, les ouvrages de Démocrite semblent avoir très tôt bénéficié d'une importante diffusion. Ainsi Platon aurait renoncé à les brûler parce qu'ils étaient entre les mains d'un trop grand nombre de personnes (texte n° 1, § 40). Notons enfin que cette œuvre devait être considérable, si l'on en croit le catalogue reproduit par Diogène Laërce (texte n° 17). Comme c'est le cas pour la plupart des philosophes dits « présocratiques », il ne nous en reste cependant que quelques fragments, dont très peu concernent la physique, l'essentiel de nos sources étant constitué de témoignages.

LA PHILOSOPHIE DE DÉMOCRITE

Les principes de la physique

Le point de départ à la fois historique et problématique de la philosophie de Leucippe et de Démocrite est éléatique. La philosophie de Parménide, relayée par Mélissos et Zénon, établit que l'être est un, éternel, immuable. Le devenir est multiple car, pour qu'il y ait mouvement et changement, il faut une pluralité tout au moins d'états et, si l'on veut que ces états soient réels, il faut qu'il y ait pluralité d'êtres. Or, si l'être est un, le multiple et le mouvement sont du côté du non-être ou du côté de ce qui n'est qu'objet d'opinions. Ainsi, l'éléatisme exclut l'existence du vide, qui permettrait le mouvement :

1. Diogène Laërce, IX, 61 [DK 72 A 2].
2. *Ibid.*, I, 15 [DK 75 A 1] et Cicéron, *De la nature des dieux*, I, 26, 73 [DK 75 A 5].

« Aucun vide n'est non plus. Car le vide n'est rien ; et le néant ne saurait être. L'étant ne se meut pas non plus. Car il ne peut se déplacer dans aucune direction, et au contraire est plein. Si en effet le vide était, il pourrait se déplacer vers le vide. Mais si le vide n'est pas, l'étant n'a pas de lieu où aller[1]. »

Les difficultés rencontrées par l'éléatisme pour rendre compte du mouvement conduisent les Abdéritains à prendre la question à revers. Il y a du mouvement. Il faut donc qu'il existe autre chose que l'être-un de Parménide. Tout d'abord, il faut qu'il y ait un lieu dans lequel ce mouvement puisse s'effectuer : le vide. Ce vide dont Mélissos refusait l'existence, Démocrite et Leucippe l'appellent effectivement « non-être » ou « rien » mais proclament qu'il n'existe pas moins que l'être, c'est-à-dire les atomes[2]. En tant que condition nécessaire du mouvement et principe constitutif, avec les atomes, de tous les composés, il est un non-être en un sens existant. Il faut dès lors une pluralité d'étants. L'être est donc une multiplicité, mais chaque élément de cette multiplicité conserve les caractéristiques de l'être-un des Éléates :

1. Mélissos, cité par Simplicius, *Commentaire sur la Physique d'Aristote*, 111, 18 [DK 30 B 7], trad. J.-P. Dumont, *Les Présocratiques*, « Bibliothèque de la Pléiade », Paris, Gallimard, 1988, p. 312.

2. Voir textes n° 23, Aristote, *Génération et corruption*, I, 8, 324 b 35/325 a 23/325 b 24 [DK 67 A 7] ; n° 24, Hippolyte, *Réfutation de toutes les hérésies*, I, 13 [DK 68 A 40] ; n° 28, Aristote, *Physique*, I, 5, 188 a 22 [DK 68 A 45] ; n° 39, Aristote chez Simplicius, *Commentaire sur le Traité du ciel d'Aristote*, 294, 33 = Rose 208 [DK 68 A 37] ; n° 40, Simplicius, *Commentaire sur la Physique d'Aristote*, 28, 15 [DK 68 A 38] ; n° 418, Simplicius, *Commentaire sur la Physique d'Aristote*, 28, 4 [DK 67 A 8] ; D. 14, Plutarque, *Contre Colotès*, 1108 F [DK 68 B 156].

inaltérabilité, éternité, indivisibilité[1]. Il s'agit des atomes, « atome » en grec signifiant insécable. Voltigeant dans le vide dans toutes les directions, les atomes, en nombre illimité, sont toujours mus, mais d'un mouvement qui n'affecte pas leur nature inaltérable.

La philosophie de Démocrite procède donc d'un double renversement de l'ontologie éléatique : si les atomes conservent les propriétés de l'être de Parménide, il faut poser d'une part qu'il y a du non-être, le vide, et que celui-ci n'est pas moins que l'être, et d'autre part que l'être est multiple. On constate dans le même temps que l'atomisme prend son essor dialectique sur un plan logique et ontologique et non sur un plan empirique.

Cependant, les atomes ne sont pas mutuellement indifférenciés. Démocrite en effet les appelle « idées » ou formes (ἰδέα)[2] et établit qu'ils sont en nombre infini et constituent une variété infinie de formes[3]. Que les atomes soient appelés « idées » ne doit pas troubler outre mesure. Anaxagore appelle ainsi les formes de toutes sortes qui se trouvent dans les composés[4] et le *Lexique*

1. Mélissos lui-même dit que si les multiples possédaient l'être, ils seraient comme l'Un est (Simplicius, *Commentaire sur le Traité du ciel d'Aristote*, 558, 19 [DK 30 B 8]).

2. Voir notamment les textes n° 65, Simplicius, *Commentaire sur la Physique d'Aristote*, 327, 24 [DK 68 A 67 & B 167] ; n° 51, Plutarque, *Contre Colotès*, 1110 F [DK 68 A 57]. On se reportera sur cette question à notre note au texte n° 51.

3. Voir textes n° 29, Aristote, *Génération et corruption*, I, 1, 314 a 21 [DK 67 A 9] ; n° 39, Aristote chez Simplicius, *Commentaire sur le Traité du ciel d'Aristote*, 294, 33 = Rose 208 [DK 68 A 37] ; n° 40, Simplicius, *Commentaire sur la Physique d'Aristote*, 28, 15 [DK 68 A 38].

4. Voir DK 59 B 4.

d'Hésychios[1] dit que l'idée atomiste est l'élément matériel le plus petit. L'atome est donc un corps, mais un corps « visible pour l'intellect[2] » et structuré, bien qu'indivisible. Plus encore, nous dirons que si les atomes sont indivisibles, ce n'est pas seulement du fait de leur dureté, mais aussi en tant que formes. On imaginera donc, non pas une infinité de points matériels qui seraient tous semblables, mais une infinité de polyèdres qui, dans leur mouvement incessant, s'agrégeront en vertu de leurs ressemblances ou dissemblances et se sépareront sous la contrainte d'une nécessité plus forte. C'est à ces formes ou figures ultimes qu'il faudra revenir en dernier ressort pour expliquer la constitution des corps ou la genèse des qualités sensibles, comme le montre avec une grande précision le témoignage de Théophraste sur les sens (voir texte n° 137).

Les modifications de la matière ne résultent toutefois pas simplement des différences de formes : elles proviennent également des différences de taille entre les atomes ainsi que de la configuration prise par leur association. Il s'agit alors de différences d'ordre et de position[3]. Ainsi le mouvement des atomes, qui s'effectue primitivement dans toutes les directions, se modifie et s'équilibre en fonction de ces différences (au point parfois de devenir comme nul) lorsque se forment les composés. Ceux-ci, homme, arbre ou pierre, ne sont donc que des associations

1. Voir DK 68 B 141. Le grammairien Hésychios a probablement vécu au ve siècle de notre ère.

2. V.E. Alfieri, *Atomos Idea : l'origine del concetto dell'atomo nel pensiero greco*, Firenze, Congedo Editore, 2e éd., 1979, p. 59.

3. Voir notamment le texte n° 27, Aristote, *Métaphysique*, A, 4, 985 b 4 [DK 67 A 6].

temporaires d'atomes et de vide, des stabilisations relatives et provisoires d'un mouvement incessant[1].

D'où vient cependant le mouvement dans lequel les atomes sont emportés sans cesse et depuis toujours ? Telle est la question qui sera posée à l'atomisme à partir d'Aristote. Plusieurs réponses sont proposées par les textes dont nous disposons et par les commentateurs modernes. Il pourrait s'agir du choc[2] des atomes entre eux. Mais il faut logiquement, pour qu'il y ait choc, que la matière soit déjà en mouvement. Cette hypothèse semble d'ailleurs dérivée de la critique aristotélicienne qui reproche à Démocrite de n'avoir conçu de mouvement que violent et, précisément, de ne lui avoir pas donné d'origine. S'agirait-il de la pesanteur que Simplicius, après Théophraste et Aristote en certains endroits, attribue aux atomes isolés, indépendamment d'une situation de composition[3] ? Cette hypothèse se heurte à de nombreuses difficultés sur lesquelles nous reviendrons en notes des passages concernés. En effet, d'autres témoignages refusent la pesanteur aux atomes démocritéens par opposition aux atomes épicuriens[4]. Cependant, même si nous accordons la pesanteur aux

1. Voir textes n° 45, Aétius, I, 3, 18 – 12 ; 6 – 23, 3 [DK 68 A 47] et n° 46, Simplicius, *Commentaire sur la Physique d'Aristote*, 42, 10 [DK 68 A 47].

2. Voir textes n° 45, Aétius, I, 3, 18 – 12 ; 6 – 23, 3 [DK 68 A 47] et n° 46, Simplicius, *Commentaire sur la Physique d'Aristote*, 42, 10 [DK 68 A 47].

3. Voir textes n° 55, Aristote, *Génération et corruption*, I, 8, 326 a 9 [DK 68 A 60] ; n° 56, Aristote, *Du ciel*, IV, 2, 309 a 1 *sq.* [DK 68 A 60] ; n° 57, Simplicius, *Commentaire sur le Traité du ciel d'Aristote*, 569, 5 et 712, 27 [DK 68 A 61] ; n° 137, Théophraste, *Du sens*, § 61 et 71 [DK 68 A 135].

4. Voir texte n° 45, Aétius, I, 3, 18 – 12, 6 [DK 68 A 47].

atomes isolés, cela ne signifie pas pour autant qu'elle soit cause de leurs mouvements. De fait, les témoignages qui accordent la pesanteur aux atomes ne lui attribuent pas directement cette fonction.

La question de la cause première du mouvement, posée par la tradition doxographique et polémique à partir d'Aristote, ne peut à vrai dire recevoir de réponse absolument tranchée ni définitive. Elle demeure donc en partie aporétique. Cette aporie est toutefois suggestive et conduit à penser que les atomistes ne posaient pas le problème en ces termes, ou encore que les principes, atomes et vide, en tant qu'ils constituent une structure irréductible, impliquent immédiatement le mouvement. Si nous pensons corrélativement les atomes et le vide, nous posons dans le même temps le mouvement, si bien qu'il n'y aurait pas lieu d'en rechercher l'origine plus que nous ne recherchons celle de l'être lui-même. En effet, si le mouvement est pensé comme éternel au même titre que les atomes et le vide, il est vain d'en rechercher la provocation originelle.

Cet élément ne doit pas être perdu de vue lorsque nous abordons la cosmogonie. Les mondes naissent en nombre infini et au hasard. Cette conception du hasard (αὐτόματον) n'est pas celle d'une puissance arbitraire et irrationnelle. Elle repose avant tout sur l'idée de spontanéité : les mondes ne sont engendrés par aucune providence, aucune intelligence organisatrice, mais sous l'effet d'un tourbillon spontané. Une fois le processus cosmogonique engagé, tout se produit d'une manière rigoureusement déterminée, chaque monde se développant en vertu de ses propres déterminations initiales[1]. Aussi Démocrite

1. N° 24, Hippolyte, *Réfutation de toutes les hérésies*, I, 13 [DK 68 A 40]. On se reportera également, pour plus de détails, aux textes n°s 416 et 417, sur la cosmogonie de Leucippe.

appelle-t-il « nécessité » le mouvement tourbillonnaire lui-même[1]. On constatera, à la lecture des textes relatifs à cette question, que le hasard n'est qu'un aspect de la nécessité elle-même et que la naissance d'un monde obéit en partie à des lois qui lui sont propres.

L'étiologie démocritéenne

La philosophie de la nature, au Ve siècle, ne s'en tient pas à un discours sur les principes ou éléments fondamentaux, tels que l'eau pour Thalès, l'air pour Anaximène, le feu pour Héraclite, l'Illimité pour Anaximandre, ou les quatre éléments mus par l'Amour et la Haine pour Empédocle. Elle devient également une étiologie, discours ou science portant sur les causes. Cette volonté de rapporter les phénomènes constants ainsi que les phénomènes particuliers à une explication causale se manifeste notamment chez Empédocle ou dans le *Corpus hippocratique*.

Démocrite se donne précisément pour tâche une recherche des causes : « Démocrite disait qu'il aimerait mieux trouver une seule explication causale (αἰτιολογία) que devenir roi des Perses[2]. » Ce fragment ne doit-il être compris que comme l'expression sceptique d'une espérance déçue ? Il est sûr, tout au moins, que Démocrite assigne à sa philosophie le projet d'une étiologie et il est fort probable que celle-ci, même si elle doit demeurer imparfaite ou inachevée, promet un certain nombre de résultats positifs. Un premier indice nous en est donné par le catalogue de ses œuvres, tel qu'il est reproduit

1. N° 22, Diogène Laërce, IX, 45 [DK 68 A 1].
2. N° 160, Denys d'Alexandrie chez Eusèbe de Césarée, *Préparation évangélique*, XIV, 27, 4 [DK 68 B 118].

par Diogène Laërce[1]. Dans celui-ci figure en effet une série de livres « sur les causes » (causes célestes, causes des sons, causes sur les vivants, etc.). Ainsi, le lecteur découvrira, à partir du n° 89, des textes témoignant d'enquêtes détaillées sur les climats, les intempéries, la vie de l'embryon, la détermination du sexe, la respiration et la mort ou la genèse des qualités sensibles.

Ces investigations causales, diversifiées et spécialisées, fondées le plus souvent sur l'observation directe, contrastent singulièrement avec le discours sur les premières causes, les atomes et le vide. Ceux-ci sont en effet présentés comme les seuls « principes » de toutes choses ou comme leurs « éléments », tout le reste n'étant que conventions ou opinions[2]. Comment parler alors de « causes » sur le plan, macrophysique, des composés observables ? On remarquera tout d'abord que les investigations causales particulières confirment la nécessité mécanique qui régit tout l'univers. Le principe de l'attraction mutuelle des semblables, par exemple, s'applique aussi bien aux atomes qu'aux minéraux ou aux animaux[3]. D'autre part, la spécialisation de ces enquêtes n'est que relative. Ainsi l'embryon se développe comme une plante et le cordon ombilical est comme une tige[4]. Elles excluent donc, conformément à l'hypothèse

1. N° 17, Diogène Laërce, IX, 45-49 [DK 68 A 33].

2. Voir par exemple n° 22, Diogène Laërce, IX, 44 [DK 68 A 1] ; n° 27, Aristote, *Métaphysique*, A, 4, 985 b 4 [DK 67 A 6] ; n° 40, Simplicius, *Commentaire sur la Physique d'Aristote*, 28, 15 [DK 68 A 38] ; n° 418, Simplicius, *Commentaire sur la Physique d'Aristote*, 28, 4 [DK 67 A 8].

3. N° 126, Sextus Empiricus, *Contre les mathématiciens*, VII, 117-118 [DK 68 A 164].

4. N° 109, Plutarque, *De l'amour envers les enfants*, 3, 495 E [DK 68 B 148].

générale des atomes et du vide, une explication par la finalité ou la Providence. Elles montrent cependant que cette hypothèse ontologique ne suffit pas totalement à l'explication des phénomènes et qu'elle doit être complétée par l'observation et la désignation de causes intermédiaires sur le plan des composés. La théorie démocritéenne de l'âme et de la vie nous en donnera l'exemple (voir la note du n° 149).

La physique démocritéenne a donc une structure duelle mais cohérente : d'une part une physique fondamentale, ou une ontologie, qui pose comme principes de toutes choses les atomes et le vide et qui établit que ces atomes et leurs formes sont en nombre infini, physique de l'imperceptible, applicable à l'infinité des mondes; d'autre part une physique des causes secondes, une étiologie différenciée qui ne traite pas de tous les phénomènes en droit possibles, mais des phénomènes habituellement constatés dans notre monde. L'étiologie de Démocrite consiste à rapporter le plus possible les phénomènes décrits par la seconde aux différences de figure, d'ordre et de position définies par la première.

La théorie de la connaissance

On le devine, cette dualité de plans n'est pas sans conséquences du point de vue épistémologique. Si les principes, les atomes et le vide, sont imperceptibles et en même temps seuls réels, ce que nos sens perçoivent n'est pas véritablement existant. À l'inverse cependant, s'il n'existe que des atomes et du vide, nos impressions sensibles elles-mêmes en sont faites. Elles devraient donc, indirectement, révéler quelque chose de leur nature. Plus encore, si toute pensée est matérielle, ne sont-elles pas le premier terme de toute connaissance ? Ce paradoxe conduit à une situation ambiguë qui est ainsi transposée par Galien : « Démocrite, après avoir décrié les apparences en disant : *Convention* (νόμῳ) *que la couleur, convention que le doux, convention que l'amer, en réalité* (ἐτεῇ) *il n'y a que des atomes et du vide*, fait tenir aux sens le langage suivant contre la raison : *Pauvre raison, après nous avoir emprunté tes arguments, tu veux nous abattre ! Ta victoire est ta défaite*[1]. » Ce fragment, tel qu'il est reconstitué par Galien, révèle chez Démocrite une oscillation, voire une hésitation, entre un rationalisme ontologique qui déprécie la connaissance sensible et une forme d'empirisme.

La question de la cohérence de la conception démocritéenne de la connaissance a été fréquemment posée. De fait, plusieurs points, dans le détail de la théorie comme dans ses intentions générales, demeurent problématiques. Ainsi, les témoignages sur la théorie des simulacres (εἴδωλα) ne sont pas univoques. Si nous percevons par l'intermédiaire de simulacres atomiques émanant du mouvement des atomes hors de nous, leurs effluves font-ils impression directement sur le sens ? Ou bien celui-ci émet-il également des effluves qui, dans le cas de la vue et de l'ouïe, viennent se mêler aux premiers dans l'air intermédiaire ? Cette nouvelle structure, empreinte composée par le sentant et le senti, se réfléchirait dès lors sur l'organe sensible[2].

1. N° 170, *De l'expérience médicale*, 1259, 8 Schöne [DK 68 B 125].

2. La première version est notamment rapportée par Aétius et Alexandre d'Aphrodise (n° 138-143). La seconde est exposée par Théophraste, dans le traité *Des sens*, § 50, texte n° 137 [DK 68 A 135], mais également indiquée par Épicure, dans la *Lettre à Hérodote*, § 49,

Plus généralement, faut-il privilégier l'image d'un Démocrite pré-sceptique ou celle d'un Démocrite rationaliste et critique mais confiant dans les informations des sciences positives ? Nous sommes en fait au croisement de quatre orientations épistémologiques qui sont, selon les cas, concurrentes ou convergentes : un scepticisme radical qui irait jusqu'à nier toute possibilité de connaissance véritable ; un scepticisme partiel, critique à l'égard des sensations mais justifié par l'idée que les principes sont imperceptibles ; un relativisme, également critique, fondé sur une physiologie des qualités sensibles ; un empirisme enfin, limité au plan phénoménal et technico-pratique.

À la première orientation, on associera la fameuse formule « En réalité nous ne savons rien, car la vérité est au fonds du puits[1] » et, plus généralement, tous les textes témoignant d'une influence de Démocrite sur le scepticisme. Point-limite d'une philosophie critique, ce pessimisme épistémologique est loin d'en constituer le dernier mot et Sextus Empiricus présente ainsi la seconde orientation : « *Convention* (νόμῳ) *que le doux, convention que l'amer, convention que le chaud, convention que le froid, convention que la couleur : en réalité* (ἐτεῇ) *il n'y a que des atomes et du vide*. Ce qui signifie : on convient (νομίζεται) et on forme l'opinion que les sensibles existent, mais ceux-ci n'existent pas véritablement (κατ' ἀλήθειαν), seuls existent véritablement les atomes

texte D. 9 du dossier. Certains commentateurs ont émis l'hypothèse selon laquelle cette divergence dans les sources témoignerait d'une évolution de la position démocritéenne. Voir à ce sujet J.-P. Dumont, *Les Écoles présocratiques*, Paris, Folio-Gallimard, 1991, p. XLI *sq*.

1. N° 172, Diogène Laërce, IX, 72 [DK 68 B 117].

et le vide[1]. » Les atomes et le vide, imperceptibles par eux-mêmes, sont en ce sens des intelligibles. Ils ne peuvent donc être réellement saisis par une induction et leur compréhension doit être l'œuvre d'un jugement « légitime », plus subtil que le jugement « obscur » des sens[2].

Toutefois, troisième orientation, les qualités sensibles ne sont pas seulement critiquées pour leur irréalité, mais également à cause de leurs contradictions, signes d'une médiocre fiabilité. Le miel apparaît sucré aux uns, amer aux autres[3]. Ces qualités sont donc relatives aux dispositions du sujet et aux conditions de transmission des simulacres[4]. Ce relativisme ressemblerait étroitement à celui de Protagoras s'il n'était le corrélat d'une ontologie (la physique des atomes et du vide) et s'il n'était fondé sur une explication physiologique. Le témoignage le plus complet dont nous disposons sur ce point est celui de Théophraste, dans le traité *Des sens* (voir le n° 137). Du reste, Démocrite, comme Platon, refuse la thèse de Protagoras, qui affirme l'égale vérité de toutes les représentations[5]. Cette même thèse cependant peut en un sens lui être attribuée : toute impression sensible est vraie[6] dans la mesure où elle est réelle, bien que son

1. N° 171, *Contre les mathématiciens*, VII, 135 [DK 68 B 9].

2. N° 171, Sextus Empiricus, *Contre les mathématiciens*, VII, 138-139 [DK 68 B 11].

3. N° 134, Sextus Empiricus, *Hypotyposes pyrrhoniennes*, II, 63 [DK 68 A 134].

4. N° 171, Sextus Empiricus, *Contre les mathématiciens*, VII, 136 [DK 68 B 9] ; n° 137, Théophraste, *Des sens*, § 50, 63-64 ; n° 166, Aristote, *Métaphysique*, Γ, 5, 1009 b 7 [DK 68 A 112].

5. N° 168, Sextus Empiricus, *Contre les mathématiciens*, VII, 389 [DK 68 A 114].

6. Voir les témoignages d'Aristote sur la question et, plus particulièrement, le n° 166.

contenu représentatif ne soit pas conforme à la réalité. Pour le dire autrement, il est objectivement vrai que le miel m'apparaît sucré (ou amer), même si le sucré, pas plus que l'amer, n'existe en soi.

Nous sommes ainsi conduits dans la quatrième direction évoquée : n'y a-t-il pas, à la surface sensible du réel, dans l'ordre artificiel de la « convention », une constance relative et physiologiquement explicable susceptible de fonder nos observations scientifiques et nos techniques ? Telle est la signification de la citation de Galien, dont le contexte est une apologie de l'expérience par un médecin de l'École empirique. Cette image de Démocrite n'est pas infidèle : l'étiologie démocritéenne, nous l'avons déjà signalé, repose en grande partie sur l'expérience et Aristote lui-même rend hommage à l'Abdéritain pour son sens de l'observation des faits [1]. L'idée de « convention » dénote donc moins la destitution ontologique du sensible que la singularité de son statut, elle indique moins l'arbitraire des sensations que l'ordre selon lequel l'homme perçoit et dénomme. Les représentations, artificielles dans leur signification, demeurent naturelles par leur constitution.

L'éthique

Le paradoxe que représentent une pratique et une réflexion morale dans un monde où règne la nécessité n'est donc qu'apparent. Ainsi l'éducation, œuvre proprement humaine, et en ce sens « conventionnelle », configure réellement la nature de l'homme [2]. Modification interne à la nature, elle en adapte le mécanisme. Chez Démocrite,

1. N° 21, Aristote, *Parties des animaux*, I, 1, 642 a 24 [DK 68 A 36].
2. N° 193, Clément d'Alexandrie, *Stromates*, IV, 151 [DK 68 B 33].

l'anthropologie naissante ne situe donc pas l'homme hors de la nature, mais lui assigne une place particulière : il est à l'intérieur du monde comme un « petit monde », un *mikros kosmos*, même si la nature elle-même, en imposant la contrainte de la nécessité, fut la première institutrice de l'humanité[1].

On conçoit ainsi que, dans un univers sans finalité, l'homme puisse se proposer une fin (τέλος). Cette fin est l'*euthumia*, joie de l'âme ou tranquillité[2], résultat des efforts rationnels de l'homme sage pour faire un usage modéré des plaisirs. Cet état d'équilibre raisonné est en même temps pour l'âme, qui est corporelle, un équilibre physiologique. De ce point de vue, contre les interprétations qui dissocient chez Démocrite l'éthique de la physique, G. Vlastos voit en elle « la première éthique rigoureusement naturaliste dans la pensée grecque[3] ». On comprend également pourquoi l'âme est responsable de ses vices ainsi que de ceux du corps[4]. Inversement, l'action juste suppose chez le sage pudeur intérieure et respect de soi-même. Il obéit alors non pas aux prescriptions que les hommes superstitieux croient devoir

1. Selon le témoignage de Diodore de Sicile, dans sa *Bibliothèque historique*, I, 8 [DK 68 B 5, 1].

2. Voir notamment les textes n° 189, Saint Épiphane, *Contre les hérésies*, III, 2, 9 [DK 68 A 166], et n° 307, Stobée, *Florilège*, III, 1, 210 [DK 68 B 191].

3. G. Vlastos, « Ethics and Physics in Democritus », *Philosophical Review*, 54, 1945, p. 578-92 et 55, 1946, p. 53-64, repris dans D.J. Furley, R.E. Allen, *Studies in Presocratic Philosophy*, New York, Humanities Press, 1975, p. 381-408. Nous citons cette dernière édition, p. 396.

4. Voir les textes n° 283, Plutarque, *De la passion et de la maladie*, fgt 2 [DK 68 B 159] et n° 351, Stobée, *Florilège*, III, 18, 35 [DK 68 B 235].

aux dieux[1], ni à la loi du politique[2], mais à la loi qu'il a lui-même donnée à son âme[3]. Ici encore, le terme de *nomos*, à la fois convention et loi instituée, signifie pour l'homme, à l'intérieur même de la nature, une aptitude relative à la modifier.

LES TÉMOIGNAGES ANCIENS SUR DÉMOCRITE ET LA RÉPONSE ÉPICURIENNE

Il n'est guère possible, devant une documentation constituée de témoignages souvent polémiques et de courtes citations, de passer sous silence les intentions du témoin et les raisons qui président au choix du citateur. L'étude des textes présocratiques exige une attention permanente à la doxographie qui nous les rapporte. La doxographie, au sens étroit, désigne les catalogues ou les manuels dans lesquels les opinions (δόξαι) des anciens sont résumées et confrontées à propos de telle ou telle question. Aétius, identifié par H. Diels[4] comme un compilateur de la fin du Ier-début du IIe siècle, en est l'exemple le plus révélateur. Diogène Laërce, érudit du IIIe siècle favorable à l'épicurisme, compose pour sa part, dans ses *Vies, doctrines et sentences des philosophes*, des résumés par auteurs et écoles philosophiques. En un sens plus large cependant, le terme « doxographie » s'applique

1. Voir les textes nos 180-188.
2. N° 189.
3. N° 380, Stobée, *Florilège*, IV, 5, 45 [DK 68 B 264].
4. H. Diels, *Doxographi graeci*, Berlin, 1879. Pour une analyse d'ensemble de la doxographie et des témoignages relatifs à Démocrite, je renvoie à P.-M. Morel, *Démocrite et la recherche des causes*, Paris, Klincksieck, 1996. Voir également R. Löbl, *Demokrits Atomphysik*, Darmstadt, Wissenschaftliche Buchgesellschaft, 1987, p. 5-64.

aux chapitres ou aux traités dans lesquels un philosophe expose la pensée de ses prédécesseurs afin d'y puiser matière à réflexion, mais aussi à réfutation. Aristote est le premier à adopter une telle démarche de manière systématique dans une perspective dialectique.

Nous proposons donc au lecteur une rapide revue des principales sources antiques dont nous disposons sur Démocrite et de leurs intentions générales. Pour les témoins d'importance secondaire, on trouvera en notes des informations complémentaires.

Aristote et la tradition péripatéticienne

Aristote (384-322) fait grand cas des doctrines de ses prédécesseurs. Elles constituent un ensemble d'opinions autorisées qui contribuent, par leurs confrontations, à la formulation d'un problème ou à une mise à l'épreuve de la thèse. Loin de représenter une historiographie objective, les préliminaires doxographiques sont autant de moments dialectiques dans le développement d'une question et Aristote impose le plus souvent aux philosophies évoquées son propre cadre théorique[1]. Tel est notamment le cas de l'enquête dialectique du livre A de la *Métaphysique* où il est question de la nature et du nombre des causes. Or, dit Aristote, « la plus grande partie des premiers philosophes tenait pour principes de toutes choses les seuls principes de type matériel » (983 b 6-8). Certains, « conduits par la vérité elle-même » (984 b 10), comme Anaxagore

1. À propos des déformations opérées par Aristote sur la philosophie présocratique, l'ouvrage de référence demeure celui d'H. Cherniss, *Aristotle's Criticism of Presocratic Philosophy*, Baltimore, Hopkins Press, 1935.

et Empédocle, pressentent confusément la nécessité d'une cause efficiente, mais aucun ne perçoit les quatre causes (matérielle, efficiente, formelle et finale) dans leur complémentarité.

Aussi, pour Aristote, les atomistes en restent à une sorte de cause matérielle, faisant des atomes et du vide à la fois les seuls principes et la matière de toutes choses (voir notamment le n° 27). Outre le fait qu'il rejette l'existence du vide, Aristote dénonce les insuffisances explicatives de la physique atomiste : alors qu'elle cherche à dépasser l'éléatisme en tenant compte de la réalité du mouvement, elle se montre incapable d'en donner la cause. Vouant le monde au hasard (entendu chez Aristote comme un accident de la finalité et non comme une cause réelle) et à une nécessité mal définie, les atomistes excluent du même coup la cause finale. Réduisant toutes les différences à la quantité, ils ne peuvent pas non plus identifier les espèces et tenir compte de la cause formelle, bien qu'ils constatent une certaine régularité et un certain ordre dans les phénomènes naturels (voir le n° 68). La critique d'Aristote manifeste donc une tendance générale à la simplification de l'étiologie abdéritaine et elle ne rend compte qu'accidentellement de la diversité de ses applications scientifiques. Du point de vue de la théorie de la connaissance, Démocrite et Leucippe, toujours selon Aristote, identifient l'âme et l'intellect (voir le n° 156). Cette confusion les conduit, selon lui, à la situation intenable de Protagoras, où tout ce qui est perçu est tenu pour vrai. Or nous avons vu que la position de Démocrite en la matière ne pouvait se réduire au relativisme. En dépit de ses présupposés interprétatifs, et pour autant que notre lecture les garde en mémoire, Aristote demeure notre principal témoin sur le premier atomisme. Cela ne tient pas seulement au volume, mais aussi à la précision des informations qu'il nous livre. Il a du reste consacré un traité à Démocrite, dont il ne nous reste qu'une page[1].

Les commentateurs d'Aristote reprendront globalement ces critiques, qu'il s'agisse d'Alexandre d'Aphrodise (son activité philosophique se situe entre 198 et 209), de Jean Philopon ou de Simplicius (au VIe siècle). Simplicius, toutefois, se faisant souvent l'écho de Théophraste, porte un réel intérêt à l'atomisme abdéritain. Il se montre sensible à la grande économie et à la rationalité de sa physique (voir le n° 40) et plusieurs indices nous engagent à lui accorder un réel crédit : il distingue généralement bien les théories de Démocrite et d'Épicure ; il confirme l'usage du terme ἰδέα, pour désigner les atomes, que nous ne trouvons pourtant en ce sens dans aucun des textes d'Aristote dont nous disposons (voir le n° 65).

Théophraste, disciple et collaborateur d'Aristote, lui succède à la tête du Lycée de 322 à 288-287. Il compose notamment un recueil d'*Opinions physiques* en dix-huit volumes, aujourd'hui perdu pour l'essentiel, qui constituera le fond de la doxographie ultérieure. Ainsi Aétius doit à cet ouvrage la plus grande partie de sa documentation. Un des grands avantages présentés par la doxographie de Théophraste tient à son style : elle procède généralement en deux temps, commençant par énoncer la thèse considérée (même si cette présentation n'est pas totalement neutre) pour ensuite seulement la réfuter. Théophraste s'intéresse bien plus qu'Aristote au détail de l'étiologie démocritéenne, même s'il partage sa

1. Chez Simplicius, texte n° 39, *Commentaire sur le Traité du ciel d'Aristote*, 294, 33 = Rose 208 [DK 68 A 37].

critique de la physique atomiste. Témoin de cet intérêt, le traité *Des sens* (voir le n° 137), donne de précieuses indications sur la conception démocritéenne du sensible. Théophraste attribue à Démocrite une théorie de la vision raffinée alors qu'Aristote l'avait considérablement schématisée comme le feront également, après Théophraste lui-même, Alexandre d'Aphrodise et Aétius. Ce dernier nous donne un grand nombre d'indications sur les philosophes de l'époque classique et hellénistique. Cependant la concision de ses notices et l'influence de sources et de polémiques plus tardives imposent une lecture prudente. On remarquera même des incohérences entre certaines de ses observations (ainsi, à propos de la localisation de l'âme, entre les n°s 154 et 155).

La tradition sceptique

À côté de la tradition péripatéticienne, se développe une autre tradition de lecture de Démocrite : celle des sceptiques. Elle trouve son origine dans l'intérêt déjà signalé de Pyrrhon pour notre auteur. Timon, le disciple pourtant fort sarcastique de Pyrrhon, fait même de Démocrite un vibrant éloge (voir texte n° 1, § 40). Les témoignages attestant cette tradition sont toutefois beaucoup plus tardifs. Ils proviennent pour l'essentiel de Sextus Empiricus, médecin sceptique qui vécut probablement au début du IIIe siècle. De son œuvre en grande partie conservée, il nous reste les *Hypotyposes* (ou *Esquisses*) *pyrrhoniennes* et les onze livres *Contre les mathématiciens*, « mathématicien » devant en l'occurrence s'entendre au sens général de savant. Ses écrits sont d'un grand intérêt documentaire car Sextus, dans une sorte d'éclectisme négatif, concilie l'exercice sceptique de la suspension du jugement avec une réelle culture scientifique et philosophique. Il dresse un vaste tableau des contradictions, de la discordance (διαφωνία) à l'intérieur de la famille dogmatique. Dans ce contexte, Démocrite apparaît à la fois comme un précurseur historique du scepticisme et comme un physicien dogmatique (voir texte D. 16 du dossier). Sa critique des sens ne suffit pas à faire de lui un sceptique, même s'il emploie des expressions qui deviendront ultérieurement sceptiques. En faisant de la raison le critère de la connaissance, toujours selon Sextus, il demeure de toute façon dogmatique.

Diogène Laërce, dans son chapitre sur Pyrrhon, témoigne indirectement du « scepticisme » démocritéen, ce que fait également Galien, médecin éclectique de la fin du second siècle de notre ère. Celui-ci révèle que les médecins de l'École empirique en faisaient un de leurs modèles, aux côtés de Pyrrhon, malgré le dogmatisme de sa physique élémentaire. L'influence exercée par la philosophie de Démocrite sur les diverses écoles médicales mais aussi sur le développement des techniques est par ailleurs bien attestée[1].

Platonisme et patristique

Platon, nous l'avons déjà signalé, ne cite jamais Démocrite. Il y fait parfois allusion, notamment dans le *Timée* (48 b-c). Bien qu'il critique globalement les cosmologies mécanistes, il accorde à leur « nécessité » la fonction d'une cause seconde ou accessoire, subordonnée

1. A. Stückelberger, *Vestigia Democritea. Die Rezeption der Lehre von der Atomen in der antiken Naturwissenschaft und Medizin*, Bâle, Reinhardt Verlag, 1984.

à la cause véritable et raisonnable, l'intellect démiurgique puis l'âme du monde. Le lecteur remarquera d'autre part une parenté thématique entre les fragments moraux de Démocrite et certains dialogues platoniciens comme le *Gorgias*. La recherche démocritéenne du bonheur ou du bien-être exige en effet l'exercice de la raison et suppose que l'on reconnaisse la relativité des plaisirs et des peines. Face à la cité, Démocrite accorde toutefois une plus grande importance à l'individu que Platon et sa préférence va à la démocratie. Ces rapprochements n'autorisent pas à parler d'influences. Ils montrent à tout le moins que les deux auteurs ne sont pas aussi opposés qu'une certaine tradition doxographique le prétend.

Arcésilas (première moitié du IIIe siècle av. J.-C.) et la Nouvelle Académie, si l'on en juge par le témoignage de Cicéron, accorderont quelque attention au préscepticisme démocritéen. Dans la tradition platonicienne postérieure, Plutarque (45-125 ap. J.-C.) se distingue par l'intérêt qu'il porte à notre auteur. Il semble même avoir de ses œuvres une connaissance directe. Il le défend contre les attaques de l'épicurien Colotès (IIIe siècle avant J.-C. Voir le n° 51 et D. 14, D. 15) et s'inspire en partie de sa théorie des simulacres pour étayer sa propre démonologie. Comme Sénèque, il voit dans l'*euthumia* démocritéenne une des origines de l'idéal de tranquillité.

La patristique, illustrée notamment par Clément d'Alexandrie (fin second-début IIIe siècle) et Eusèbe de Césarée (début du IVe siècle), témoignera à sa façon de la philosophie démocritéenne, l'associant souvent à celle d'Épicure, l'atomisme représentant à ses yeux une dangereuse négation de la Providence. Ainsi, Eusèbe cite l'évêque Denys d'Alexandrie qui accuse Démocrite de rendre impossible toute recherche des causes en soumettant toutes choses à la fortune.

La réponse épicurienne

L'influence la plus directe de Démocrite s'exerce sur la philosophie d'Épicure (341-271). Une rapide lecture des premiers paragraphes de la *Lettre à Hérodote* suffit à le confirmer. Pour Épicure, comme pour les Abdéritains, rien ne naît de rien[1] ; tout est constitué d'atomes et de vide[2] ; le tout est infini[3] ; les atomes, en quantité infinie, se meuvent dans le vide de toute éternité[4].

Jamais toutefois Démocrite ni Leucippe ne sont cités dans ces lignes et, bien qu'il se soit présenté un temps comme « démocritéen[5] », Épicure ne se reconnaît d'autre maître que lui-même[6]. Il écrit du reste un *Contre Démocrite* et modifie sa physique sous plusieurs aspects. En premier lieu, si les atomes sont en nombre infini, leurs formes seront en nombre seulement inconcevable[7]. Une stricte infinité de formes supposerait en effet, aux yeux d'Épicure, une infinité de grandeurs, et de fait l'existence d'atomes très gros, ce qui contrevient au témoignage des sens car les atomes sont invisibles. Épicure doit par ailleurs faire face aux critiques formulées par Aristote contre l'indivisibilité de l'atome[8]. Aussi admet-il que l'atome a des parties physiquement inséparables, intelligibles,

1. *Lettre à Hérodote*, § 38. Comparer avec Diogène Laërce, IX, 44 [DK 68 A 1].

2. *Ibid.*, § 39-41.

3. *Ibid.*, § 41.

4. *Ibid.*, § 43.

5. Plutarque, *Contre Colotès*, 1108 E.

6. Voir par exemple, Diogène Laërce, X, 13.

7. *Lettre à Hérodote*, § 42-43 et 56 ; texte n° D. 1 du dossier. Lucrèce (98-55 av. J.-C.), II, v. 478-521.

8. Voir le n° 47, Simplicius, *Commentaire sur la Physique d'Aristote*, p. 925, 10 [DK 67 A 13].

et semblables à des unités de mesure[1]. Sur ce point, il s'écarte nettement de la conception démocritéenne d'un atome sans parties, idée ou forme géométrique, indivisible à tous égards[2].

L'épicurisme reproche surtout à Démocrite sa conception de la nécessité, l'interprétant comme une puissance absolue. Cette critique apparaît dans la *Lettre à Pythoclès*[3] d'Épicure et dans un fragment de son traité *Sur la nature*[4]. Elle semble même justifier l'élaboration de la théorie de la déviation ou déclinaison des atomes, *clinamen* en latin[5], παρέγκλισις en grec. Bien que celle-ci n'apparaisse pas dans les écrits d'Épicure qui nous sont parvenus, Diogène d'Œnoanda, comme avant lui Cicéron, lui en attribue la paternité, dans un texte qui dénonce la toute puissante nécessité invoquée par Démocrite[6]. Comme le mouvement consécutif au poids propre de l'atome s'effectue de haut en bas[7] (et non en tous sens, comme le mouvement initial des atomes de Démocrite), il faut, pour que les mondes et les êtres soient engendrés,

1. *Lettre à Hérodote*, § 59. Lucrèce, I, v. 599-614.

2. Certains interprètes, comme S. Luria (*Democritea*, Léningrad, 1970), ont toutefois cherché à résoudre les difficultés posées par l'indivisibilité de l'atome de Démocrite en lui attribuant des parties, le rapprochant ainsi de l'atome épicurien.

3. Texte D. 8 du dossier.

4. Texte D. 5 du dossier, *Papyrus d'Herculanum*, 1056, col. 25 [DK 68 A 69].

5. Voir Lucrèce, II, v. 216-293.

6. Voir D. 6 du dossier [DK 68 A 50]. Diogène d'Œnoanda, épicurien du IIe siècle de notre ère, est l'auteur d'une longue inscription murale découverte en 1884. Cicéron voit également dans la théorie du *clinamen* une réponse à la conception démocritéenne de la nécessité (*Du destin*, X, 23 et *De la nature des dieux*, I, 25, 69).

7. Voir *Lettre à Hérodote*, § 61 et Lucrèce, II, v. 216-217.

que se produise aussi, spontanément, une légère déviation latérale.

L'enjeu de cette modification du modèle abdéritain est crucial : en négligeant d'expliquer comment l'homme peut infléchir la nécessité du mouvement atomique, Démocrite aurait nié la possibilité de l'action volontaire et la liberté. C'est donc sur le plan éthique que cette théorie révèle toute sa portée. Pour Colotès et pour Diogène d'Œnoanda[1], comme pour Lucrèce[2], l'aveugle mécanisme prêté à Démocrite rendrait même la vie, avec sa part de choix, de désirs, de refus et d'action, impossible. La *Lettre à Ménécée* d'Épicure préfigure ces critiques lorsqu'elle dénonce la croyance dans la toute-puissance d'une nécessité inflexible[3]. De ce point de vue, l'épicurisme néglige la complexité des relations instituées par Démocrite entre sa physique et l'éthique (voir *supra*, p. 23 *sq.*).

C'est cependant sur le plan de la théorie de la connaissance que l'opposition est la plus nette. En effet, Épicure expose une théorie de la sensation différente de celle de Démocrite. Il rejette l'explication de la vision en fonction de l'air intermédiaire[4]. Les simulacres reproduisent directement la couleur et la forme du solide considéré, révélant aux organes sensibles sa structure objective. Épicure opère donc, sur la physiologie démocritéenne du sensible, une relative simplification. Les répliques ou types rapportés par les simulacres peuvent, il est vrai, être déformés. Ainsi la tour carrée, vue de loin, me paraît ronde si les angles ont été érodés au cours de

1. Voir textes D. 13, D. 14, D. 15 du dossier.
2. II, v. 216-293.
3. § 134.
4. *Lettre à Hérodote*, § 49-50 ; texte D. 9 du dossier.

la transmission[1]. Il est cependant objectivement vrai que la tour m'apparaît ronde. Lorsque j'affirme qu'elle est effectivement ronde, ce ne sont pas les phénomènes qui m'abusent, mais mon opinion. L'erreur ne vient donc pas des sens mais de l'attitude que j'adopte à leur égard, lorsque je n'attends pas confirmation, par de nouvelles expériences, de l'expérience initiale. Les simulacres n'ont d'ailleurs plus les pouvoirs que Démocrite leur attribuait. Bien que les dieux émettent des simulacres, ceux-ci ne sont pas par eux-mêmes « divins ». Simples pellicules, ils ne transportent ni sensations ni pensées, comme Démocrite l'affirmait à propos des visions oniriques ou des charmes jetés par les sorciers[2]. La conception épicurienne des rêves est particulièrement révélatrice de cette divergence (voir dossier, p. 226 *sq.*).

Ainsi, alors que l'épistémologie démocritéenne subordonne le témoignage des sens à une forme de scepticisme critique, Épicure fait des sensations un des trois critères fondamentaux de la connaissance, aux côtés des affections et des prolepses ou anticipations[3]. Les conséquences théoriques de cette conception sont donc opposées à celles de Démocrite.

Enfin, alors que Démocrite adopte à propos du langage une position de type conventionnaliste (voir n°s 173-174), Épicure attribue aux noms une origine naturelle, les différences entre les langues s'expliquant selon lui par les affections et les représentations particulières à chaque

1. Sextus Empiricus, *Contre les mathématiciens*, VII, 208-209, et Lucrèce, IV, 353-363.

2. Diogène d'Œnoanda, ci-dessous, textes n° D. 10, D. 11, D. 12. Voir les textes 144 et 148 pour Démocrite.

3. Sextus Empiricus, *Contre les mathématiciens*, VII, 203-216 ; Diogène Laërce, X, 31.

peuple[1]. Sur ce point cependant, la distinction entre Démocrite et Épicure n'est que relative. Pour l'Abdéritain, si les noms sont des conventions, l'institution du langage comme la formation des communautés humaines sont dues à la nécessité naturelle. Les langues varient selon les peuples par l'effet de la fortune et donc, indirectement, sous l'effet de la nature[2]. Nos représentations, bien que conventionnelles, correspondent à une réalité objective (voir *supra*, p. 19 *sq.*).

Le discours épicurien, en tant que source pour l'étude de notre auteur, accentue donc exagérément son scepticisme et le caractère inflexible de sa conception de la nécessité. De plus, les citations de Leucippe et de Démocrite y sont, dans l'état actuel des textes, très rares. Considéré comme une réponse philosophique aux difficultés posées par l'œuvre de Démocrite, il demeure toutefois fidèle à l'image contrastée laissée par celle-ci : il dénonce la froide nécessité de sa physique tout en exploitant la fécondité et l'économie de ses principes ; il range Démocrite, par l'intermédiaire d'un Colotès, parmi les sceptiques, aveugles face à l'évidence, mais rend hommage, chez Lucrèce et Philodème, à l'universelle curiosité que révèle son étude de la nature[3]. La lecture épicurienne de Démocrite donne ainsi l'exemple d'une filiation philosophique à la fois rebelle et respectueuse.

1. *Lettre à Hérodote*, § 75-76.

2. C'est ce que nous apprend le témoignage de Diodore de Sicile sur Démocrite dans sa *Bibliothèque historique*, I, 8 [DK 68 B 5, 1].

3. Voir textes n° 81, Lucrèce, V, 622 [DK 68 A 88] et n° 178, Philodème, *De la musique*, IV, 31 [DK 68 B 144]. Philodème de Gadara est un épicurien romain originaire de Syrie, écrivant en grec, du Ier siècle av. J.-C. Nous avons connaissance d'une partie de ses écrits grâce à la découverte de papyrus calcinés à Herculanum par l'éruption du Vésuve en 79 de notre ère.

AVERTISSEMENT

La traduction est celle de Maurice Solovine[1] révisée par nos soins, une première fois en 1993[2], puis de nouveau pour la présente édition. Nos modifications et ajouts sont pour la plupart intégrés dans le texte même de la traduction[3].

Nous donnons les références de l'édition Diels-Kranz entre crochets, avec indication de la référence (à la première ligne) du texte source. On trouvera en fin de volume un tableau des correspondances entre les références Diels-Kranz et les références de la présente édition.

Les textes figurant dans le dossier final sont traduits par P.-M. Morel (à l'exception de D. 7). Les traductions d'Épicure sont extraites d'Épicure, *Lettres, maximes et autres textes*, introduction, traduction, dossier et notes par P.-M. Morel, Paris, GF-Flammarion (n° 1479), 2011. Les traductions de Diogène d'Œnoanda sont extraites (sauf D. 13) de Diogène d'Œnoanda, *Fragments*,

1. M. Solovine, *Démocrite. Doctrines philosophiques et réflexions morales*, Paris, Félix Alcan, 1928.

2. P.-M. Morel, *Démocrite et l'atomisme ancien. Fragments et témoignages*, révision de la traduction de Maurice Solovine, avec introduction, notes et dossier, Paris, Pocket, 1993.

3. Texte de référence : H. Diels-W. Kranz, *Die Fragmente der Vorsokratiker*, 6e éd., Berlin, 1952.

traduction, introduction et notes par P.-M. Morel, dans « Les Épicuriens » (sous la direction de J. Pigeaud et D. Delattre), Bibliothèque de la Pléiade, Paris, Gallimard, 2010. La traduction du texte D. 7 est extraite de A. Ernout, Lucrèce, *De la nature*, texte établi et traduit, Paris, Les Belles Lettres, 1966. Nous remercions les éditeurs d'en avoir autorisé la reprise.

FRAGMENTS
ET
TÉMOIGNAGES

VIE DE DÉMOCRITE

N° 1. (34) Démocrite, fils d'Hégésistrate, ou d'Athénocrite, ou de Damasippe, était d'Abdère, ou, comme le disent certains, de Milet. Il eut comme maîtres des mages et des astrologues, des savants que le roi Xerxès laissa à son père dont il fut l'hôte, comme l'affirme aussi Hérodote. C'est par eux que, étant encore enfant, il fut instruit dans les questions de théologie et d'astronomie. Il s'attacha ensuite à Leucippe et, selon quelques-uns, à Anaxagore, qui était de 40 ans plus âgé que lui. Favorinus dit dans son *Histoire variée* que Démocrite soutenait que les opinions d'Anaxagore sur le soleil et la lune sont anciennes et qu'il n'a fait que se les approprier. (35) Il tourne en ridicule ses conceptions de l'ordre universel et de l'esprit, étant animé de haine contre lui parce qu'il ne l'acceptait pas parmi ses intimes. Comment alors aurait-il pu, comme l'affirment certaines gens, suivre ses leçons ?

Démétrios, dans ses *Homonymes*, et Antisthène de Rhodes, dans sa *Succession des philosophes*, disent qu'il alla en Égypte pour y être instruit en géométrie par les prêtres, en Perse pour faire la connaissance des astrologues, et à la mer Rouge. Certains affirment qu'il était en rapport avec les gymnosophistes dans les Indes et qu'il voyagea en Éthiopie.

Étant le troisième fils, il y eut partage des biens. La plupart disent qu'il a reçu la moindre part, celle qui consistait en argent, dont il avait besoin pour ses voyages, ce que ses frères présumaient astucieusement. (36) Démétrios dit qu'elle s'élevait à plus de cent talents, qu'il a entièrement dépensés. Il dit qu'il étudiait avec une ardeur telle qu'il prit possession d'une maisonnette dans le jardin qui entourait l'habitation et s'y enferma. Et lorsqu'un jour son père y avait amené et attaché un bœuf pour le sacrifier, il fut longtemps sans s'en apercevoir, quand enfin il lui dit de se lever en raison du sacrifice et lui raconta ce qui venait de se passer avec le bœuf. Il paraît, dit-il [Démétrios], qu'il est aussi allé à Athènes, mais qu'il ne se souciait point de s'y faire connaître, parce qu'il dédaignait la gloire. Il connaissait Socrate sans être connu de lui. « Je suis venu, dit-il, à Athènes, mais personne ne m'y connaissait. »

(37) En admettant que *Les Rivaux* soient de Platon, dit Thrasylle, ce devait être lui l'assistant inconnu – qu'il ne faut pas confondre avec les adeptes d'Énopide et d'Anaxagore – qui discutait, en société, de philosophie avec Socrate, à qui le philosophe apparaissait comme un vainqueur au pentathle*[1]. Et il l'était véritablement en philosophie. Car il étudiait la physique, l'éthique, les mathématiques, les sujets de culture générale et avait une connaissance complète des arts. C'est lui qui a formulé cette sentence : La parole est l'ombre de l'action.

Démétrios de Phalère dit dans l'*Apologie de Socrate* qu'il n'est pas du tout allé à Athènes. Et ceci vaut mieux,

* Le pentathle était un combat qui se composait de cinq exercices : la course, la lutte, le pugilat, le saut, le jeu du disque ou du palet.

1. Les notes appelées par un astérisque sont de M. Solovine.

car s'il dédaignait une ville si renommée, c'était pour montrer qu'il ne tenait pas à profiter de la gloire d'un lieu, mais qu'il préférait le faire bénéficier de la sienne.

(38) Mais c'est par ses écrits qu'on voit quel esprit c'était. Il paraît, dit Thrasylle, qu'il fut un partisan zélé des pythagoriciens. Il parle de Pythagore avec admiration dans l'ouvrage portant ce titre. On croirait en effet, si la chronologie ne s'y opposait pas, qu'il a tout appris de lui et qu'il était même son auditeur. Il a en tout cas entendu quelque pythagoricien, dit Glaucos de Rhégium, qui était son contemporain. Apollodore de Cyzique, d'autre part, dit qu'il était en rapport avec Philolaos.

Il s'appliqua à éprouver son imagination de multiples manières, dit Antisthène, en fréquentant parfois les lieux déserts et en séjournant parmi les sépulcres. (39) Au retour de son voyage il vivait très pauvrement, affirme encore Antisthène, étant donné qu'il avait dépensé toute sa fortune. Dans cet état de pénurie, il fut entretenu par son frère Damaste. Ses prédictions de l'avenir le rendirent célèbre, et la plupart le jugèrent désormais digne d'honneurs divins. Ayant appris, dit Antisthène, que la loi n'admettait pas que celui qui avait gaspillé son patrimoine reçût la sépulture en terre natale, et ne voulant pas être à la merci des envieux et des sycophantes, il lut devant eux *Le grand ordre du Monde*, qui est de tous ses ouvrages le plus remarquable. On ne lui accorda pas seulement une récompense de cinq cents talents, mais on lui érigea en outre des statues d'airain. Et lorsqu'il mourut âgé de plus de cent ans, on lui fit des funérailles aux frais de l'État. (40) Mais Démétrios affirme que ce furent ses parents qui lurent *Le grand ordre du Monde*, et qu'il fut récompensé de cent talents seulement. C'est ce que soutient aussi Hippobote.

Aristoxène relate dans ses *Mémoires historiques* que Platon voulait brûler tous les ouvrages de Démocrite, autant qu'il en aurait pu rassembler, mais que les pythagoriciens Amyclas et Clinias l'en détournèrent comme d'une entreprise inutile, étant donné que ces ouvrages étaient déjà entre les mains d'un grand nombre de personnes. En effet, tandis que Platon cite presque tous les philosophes anciens, il ne mentionne nulle part Démocrite, pas même là où il aurait dû le contredire, sans doute parce qu'il sentait qu'il aurait à lutter contre le meilleur des philosophes. Timon le célèbre de la manière suivante :

> Ô le très sage Démocrite, maître du discours,
> Causeur avisé, que j'ai distingué parmi les premiers[1].

(41) Il était encore jeune, comme il le dit lui-même dans *Le petit ordre du Monde*, au moment où Anaxagore était déjà vieux ; il avait quarante ans de moins que lui. Il composa *Le petit ordre du Monde* en l'an 730 après la prise de Troie. Il naquit, comme le dit Apollodore dans ses *Chroniques*, à la quatre-vingtième olympiade (460-457), mais Thrasylle affirme dans son *Introduction à la lecture des œuvres de Démocrite* qu'il naquit la troisième année de la soixante-dix-septième olympiade (470-469), étant ainsi d'un an plus âgé que Socrate. Il devait, par conséquent, être contemporain d'Archélaos, disciple d'Anaxagore et d'Énopide ; il mentionne en effet ce dernier. (42) Il fait en outre mention de la doctrine de l'*Un* de Parménide et de Zénon, qui étaient très célèbres

1. Ou encore : « Tel est Démocrite le sage, berger de mythes / Causeur ambigu, parmi les meilleurs que j'ai lus. »

de son temps, ainsi que de Protagoras d'Abdère qui, de l'avis unanime, était contemporain de Socrate.

Athénodore raconte dans le septième livre de ses *Promenades* que, Hippocrate étant venu voir Démocrite, celui-ci ordonna qu'on lui apportât du lait. Puis, l'ayant examiné, il affirmait qu'il provenait d'une chèvre primipare de couleur noire, d'où l'admiration qu'Hippocrate manifesta pour sa sagacité d'esprit. Et comme Hippocrate était accompagné d'une jeune fille, Démocrite l'accueillit le premier jour par les paroles « Salut, jeune fille », et le jour suivant par les paroles « Salut, femme » ; elle fut en effet déflorée pendant la nuit.

(43) Démocrite mourut, d'après Hermippe, de la manière suivante. Étant déjà très âgé, il était près d'expirer. Mais comme sa sœur était affligée de le voir quitter la vie au moment de la célébration des Thesmophories et d'être empêchée de remplir ses devoirs envers la déesse, Démocrite lui dit de prendre courage et il ordonna qu'on lui apportât chaque jour des pains chauds. En les approchant de ses narines il se conserva pendant la durée de la fête. Après que celle-ci fut passée (elle dura trois jours), il quitta la vie sans éprouver le moindre chagrin. Il était âgé, comme le dit Hipparque, de cent neuf ans. Nous avons composé sur lui dans nos *Mélanges poétiques* les vers suivants :

Qui fut aussi sage, qui a fait une œuvre aussi grande,
Qui a accompli autant que l'omniscient Démocrite ?
Il garda dans sa maison la mort trois jours durant
Et la régala de l'odeur de pains chauds.

Telle fut la vie de cet homme.

Diogène Laërce, *Vies*, IX, 34-43 [DK 68 A 1].

N° 2. On dit que Démocrite d'Abdère, ayant décidé de quitter la vie à cause de sa vieillesse, retrancha chaque jour de sa nourriture. Comme les Thesmophories avaient lieu en ce moment, il fut prié par des parentes de ne pas mourir pendant la fête, afin qu'elles pussent la célébrer. S'étant laissé persuader, il ordonna de placer près de lui un vase de miel, et vécut encore un nombre de jours suffisant, ne se nourrissant que de ce qui s'en exhalait, et quand il fut épuisé il mourut. Démocrite, en effet, aimait toujours le miel, et quelqu'un lui ayant demandé comment il serait possible de vivre en bonne santé, il répondit : « En arrosant son intérieur de miel et son extérieur d'huile[1]. »

Athénée, *Les Deipnosophistes*, II, 46 E [DK 68 A 29].

N° 3. Démocrite, en se vantant de son grand savoir, dit quelque part : « De tous mes contemporains j'ai parcouru la plus grande partie de la terre, en étudiant les sujets les plus grands. J'ai vu le plus de climats et de pays. J'ai entendu la plupart des hommes doctes, et personne encore ne m'a surpassé dans l'art de combiner les lignes et d'en démontrer les propriétés, pas même les arpédonaptes (arpenteurs) d'Égypte, avec qui j'ai passé… cinq ans en terre étrangère. » Il parcourut en effet la Babylonie, la Perse et l'Égypte en s'instruisant auprès des mages et des prêtres[2].

Clément d'Alexandrie, *Stromates*, I, 15, 69 [DK 68 B 299].

1. Voir n° 1, § 43.

2. Clément d'Alexandrie, dont nous trouverons ici plusieurs citations, vécut dans la seconde partie du IIe siècle après J.-C. et dans les premières années du IIIe. Converti au christianisme, il établit dans ses écrits des comparaisons entre païens et chrétiens en citant poètes et philosophes. Ce texte est cependant considéré comme un fragment inauthentique.

N° 4. Comme Démocrite avait prédit beaucoup de choses en observant les régions célestes, il fut surnommé *Sagesse*[1]. Son frère Damase l'ayant accueilli avec des sentiments de bienveillance, il prédit, en faisant des conjectures d'après certains astres, qu'il y aurait beaucoup de pluie. Ceux donc qui se fièrent à lui ramassèrent la récolte (car, comme c'était la saison de l'été, elle se trouvait encore sur l'aire), tandis que les autres perdirent tout par suite de la pluie abondante qui s'abattit à l'improviste avec violence.

Clément d'Alexandrie, *Stromates*, VI, 32 [DK 68 A 18].

N° 5. On rapporte que Démocrite, pendant que son frère Damase moissonnait par une chaleur dévorante, le pria de laisser le reste des blés et de mettre à l'abri ce qui était coupé ; une pluie violente qui survint peu d'heures après justifia sa prédiction.

Pline, *Histoire naturelle*, XVIII, 341 [DK 68 A 18].

N° 6. On raconte que Démocrite fut le premier qui reconnut et montra les rapports qui existent entre le ciel et la terre. Voyant que ses opulents concitoyens méprisaient les études qu'il y consacra, il présagea la cherté de l'huile d'après le lever des Pléiades (et que nous développerons tout à l'heure plus en détail) et acheta celle de toute la région à vil prix, à cause de la belle apparence de l'olivier, ce qui étonnait les gens qui savaient que rien ne lui tenait tant à cœur que la pauvreté et l'étude paisible des sciences. Mais dès que le motif de sa conduite et le gain énorme qu'il réalisa furent connus, Démocrite, content d'avoir prouvé qu'il pourrait s'enrichir facilement s'il

1. Ou « la science » : σοφία.

le voulait, restitua la marchandise aux propriétaires repentis, avides et inquiets.

Pline, *Histoire naturelle*, XVIII, 273 [DK 68 A 17].

N° 7. Le philosophe Démocrite ayant, à ce qu'on dit, mangé du concombre qui avait un goût de miel, demanda à la servante où elle l'avait acheté. Celle-ci lui ayant indiqué un certain jardin, il se leva aussitôt, demanda qu'on l'y conduisît et qu'on lui montrât le lieu. Mais la bonne femme, étonnée, voulait savoir ce qu'il avait l'intention de faire. « Il faut, dit-il, que je trouve la cause de cette douceur, et j'y arriverai quand j'aurai examiné l'endroit. » « Restez donc assis, lui dit la bonne femme en souriant, car c'est moi qui ai mis par mégarde le concombre dans un vase enduit de miel. » Mais lui, fâché, lui répliqua : « Tu m'as piqué au vif, et je ne continuerai pas moins à y réfléchir et à en chercher la cause comme si la douceur était propre et naturelle au concombre[1]. »

Plutarque, *Propos de table*, I, 10, 2; 628 C [DK 68 A 17a].

N° 8. On dit que Démocrite d'Abdère, ne trouvant plus de paroles pour consoler le roi Darius qui souffrait de la mort de sa belle femme, lui promit de ramener la disparue à la lumière, s'il voulait lui procurer les moyens nécessaires à cette tâche. Après que le roi l'eut engagé

1. L'historiette n'est pas dénuée d'ironie à l'égard d'un Démocrite que la tradition peint volontiers sous les traits d'un savant polymathe aux prétentions illimitées, ce qui, selon Clément d'Alexandrie, lui valut d'être surnommé « la science » (voir n° 4). Elle correspond toutefois assez bien à l'image laissée par l'étiologie de Démocrite : la recherche des causes dans un domaine donné peut s'appuyer sur des observations empiriques mais elle cherche également à les dépasser.

vivement à ne rien épargner de ce qui lui permettrait de réaliser sa promesse, Démocrite lui dit, après un court intervalle de temps, qu'il avait tout ce qu'il lui fallait pour l'accomplissement de son œuvre, excepté une seule chose qu'il ne pouvait découvrir, mais que Darius, étant roi de toute l'Asie, n'aurait peut-être pas de peine à trouver. Celui-ci lui ayant demandé quelle était cette chose extraordinaire qu'un roi seul pouvait découvrir, Démocrite lui répondit : « Inscris sur la tombe les noms de trois personnes qui n'ont jamais eu de deuil, et elle ressuscitera aussitôt, docile à la loi du rite. » Darius étant embarrassé, parce qu'il ne trouvait personne à qui quelque malheur ne fût arrivé, Démocrite, se mettant à rire selon son habitude, lui dit : « Ô, le plus déraisonnable des hommes, pourquoi te lamentes-tu sans retenue, comme si tu étais le seul aux prises avec une si grande douleur, toi qui n'es pas arrivé à trouver un seul être humain, parmi tous ceux qui ont passé sur la terre, qui n'ait eu sa part de chagrin ? »

Julien, *Lettres*, 201 B-C [DK 68 A 20].

N° 9. Si le physicien Démocrite avait, comme on le dit et comme je le crois, un style élégant, la matière qu'il traitait appartenait au physicien, tandis que l'agrément du style appartenait à l'orateur.

Cicéron, *De l'Orateur*, I, 11, 49 [DK 68 A 34].

N° 10. Tout ce qui offre une mesure à l'oreille, bien que ce ne soit pas un vers (car celui-ci est un défaut dans la prose), s'appelle nombre et correspond au terme grec rythme (ῥυθμός). C'est ainsi que certains considèrent le style de Platon et de Démocrite, quoiqu'il ne soit pas en vers, comme plus poétique que celui des poètes comiques, parce qu'il se distingue par la vive allure et les expressions lumineuses [1].

Cicéron, *L'Orateur*, XX, 67 [DK 68 A 34].

N° 11. Au lieu de s'irriter, Héraclite pleurait, Démocrite riait.

Stobée, *Florilège*, III, 20, 53 [DK 68 A 21] [2].

N° 12. Toute rencontre avec les hommes fournissait à Démocrite matière à rire. Sa sagesse nous montre que même dans un pays de sots [3] et sous un air épais peuvent naître des hommes extraordinaires, capables de donner de grands exemples.

Juvénal, *Satires*, X, v. 47 *sq.* [DK 68 A 21].

N° 13. Démocrite, après avoir perdu la vue, ne pouvait plus distinguer le blanc du noir, mais il distinguait le bien du mal, le juste de l'injuste, l'honnête du honteux, l'utile de l'inutile, le grand du petit. On peut être heureux sans discerner la variété des couleurs, mais on ne peut pas l'être sans avoir une notion exacte des choses. Cet homme croyait même que la fonction visuelle empêche l'esprit de s'exercer dans toute sa puissance, et tandis que

1. On se rappellera que Démocrite désigne par le terme ῥυθμός ou ῥυσμός la forme de l'atome (voir notre introduction et le n° 27).

2. Jean Stobée est un doxographe du Ve siècle de notre ère. Nous lui devons notamment la conservation de la plus grande partie des fragments moraux de Démocrite.

3. Ou « un pays de moutons ». Les Abdéritains, grands éleveurs de moutons, étaient réputés en Grèce pour partager leur stupidité.

d'autres voyaient à peine ce qui se trouvait à leurs pieds, son esprit parcourait l'univers infini, sans rencontrer de borne qui l'arrêtât.

Cicéron, *Tusculanes*, V, 39, 114 [DK 68 A 22].

N° 14. On lit dans les documents[1] historiques de la Grèce que le philosophe Démocrite, un homme qu'on doit vénérer plus que d'autres, doté d'un antique prestige, s'est volontairement privé de la lumière des yeux, parce qu'il estimait qu'en méditant sur les causes naturelles, ses pensées et ses réflexions auraient plus de vigueur et de justesse s'il les délivrait des entraves apportées par les charmes séducteurs de la vue.

Aulu-Gelle, *Nuits attiques*, X, 17 [DK 68 A 23].

N° 15. Il est faux, ce qu'on dit de Démocrite, qu'il s'éteignit volontairement les yeux en les fixant sur un miroir ardent qui y réfléchissait ses rayons, afin qu'ils ne le troublassent point, en appelant trop souvent son esprit au dehors, et que, semblables à des fenêtres fermées sur la rue, ils lui permissent de rester chez soi et de s'occuper de choses intellectuelles.

Plutarque, *De la curiosité*, 12, 521 D [DK 68 A 27].

N° 16. Quand la haute vieillesse avertit Démocrite que les ressorts de sa mémoire commençaient à s'alanguir, il alla volontairement au-devant de la mort pour lui offrir sa tête.

Lucrèce, *De la nature*, III, v. 1039 *sq.* [DK 68 A 24].

1. Ou : « sur les monuments ».

N° 17. Ses livres ont été classés par Thrasylle, dans l'ordre suivant, en tétralogies, comme ceux de Platon.

Ouvrages sur l'éthique : <§ 46>

I. 1. Pythagore. – 2. Sur la constitution du sage. – 3. Sur l'existence dans l'Hadès. – 4. Tritogénie* (c'est-à-dire, par elle sont engendrées les trois choses qui embrassent tout ce qui est humain).

II. 1. Sur le courage ou sur la vertu. – 2. Sur la corne d'Amalthée[1]. – 3. Sur la joie de l'âme[2]. – 4. Notes morales. L'ouvrage Sur le bonheur est perdu.

Ouvrages sur la physique

III. 1. Le grand ordre du Monde (que Théophraste attribue à Leucippe). – 2. Le petit ordre du Monde. – 3. Cosmographie. – 4. Sur les planètes.

IV. 1. Sur la nature, livre premier. – 2. Sur la nature de l'homme (ou Sur la chair), livre second. – 3. Sur la raison. – 4. Sur les sens (tous ces écrits sont réunis par certains sous le titre Sur l'âme).

V. 1. Sur les saveurs. – 2. Sur les couleurs. <§ 47>. – 3. Sur la variété des formes[3]. – 4. Sur le changement des formes[4].

* Tritogénie est le surnom d'Athèna, parce qu'elle est née de la mer (Τρίτων) ou, selon d'autres, près du lac Tritônis en Libye.

1. Ou encore « corne d'abondance ». C'est une expression consacrée, Amalthée étant la chèvre nourricière de Zeus.

2. Ou « Sur la tranquillité », Περὶ εὐθυμίης.

3. Ou « Sur les différents rythmes ». Le terme ῥυσμός, traduit ici par « forme », suggère également la mobilité de l'atome (voir le n° 27).

4. Ou « Sur les modifications des rythmes », Περὶ ἀμειψιρυσμιῶν. Le lexique d'Hésychios, au ve siècle, traduit ce terme par « changement d'association (σύγκρισις) ou changement de configuration (μεταμορφοῦσθαι) » [DK 68 B 139]. Cette définition, probablement proposée par Démocrite lui-même, donne à penser que ce n'est pas la forme de l'atome qui change, car elle est inaltérable, mais son rythme et son cours, lorsque l'atome s'agrège à d'autres atomes.

VI. 1. Confirmations (c'est-à-dire examen complémentaire des choses précédemment affirmées). – 2. Sur les simulacres ou Sur la prévision[1]. – 3. Canon logique, 3 livres. – 4. Questions controversées.

Ouvrages non classés

1. Causes célestes. – 2. Causes atmosphériques. – 3. Causes terrestres. – 4. Causes se rapportant au feu et aux substances qu'il contient. – 5. Causes concernant les sons. – 6. Causes concernant les spermes, les plantes et les fruits. – 7. Causes concernant les êtres vivants, 3 livres. – 8. Causes diverses. – 9. Sur l'aimant.

Ouvrages mathématiques

VII. 1. Sur une différence d'opinion ou Sur le contact du cercle et de la sphère. – 2. Sur la géométrie. – 3. Questions géométriques. – 4. Nombres.
VIII. 1. Sur les lignes incommensurables et les solides, 2 livres. – 2. Développements[2]. <§ 48>. – 3. La grande année ou Astronomie, table astronomique. – 4. Lutte des clepsydres.
IX. 1. Description du ciel. – 2. Géographie. – 3. Description des pôles. – 4. Traité sur le rayonnement de la lumière.

Ouvrages sur la musique

X. 1. Sur les rythmes et l'harmonie. – 2. Sur la poésie. – 3. Sur la beauté épique. – 4. Sur les lettres harmonieuses ou discordantes.
XI. 1. Sur Homère ou Sur le langage correct et les dialectes. – 2. Sur le chant. – 3. Sur les mots. – 4. Sur le vocabulaire.

1. « Sur la prévision » : πρόνοια désigne également la providence divine. De fait, Démocrite déclare les simulacres divins et capables de prédire l'avenir. Voir les n°s 182 et 183.

2. Ou peut-être « Projections », puisqu'il s'agit de géométrie.

Ouvrages sur les arts

XII. 1. Sur la prognose[1]. – 2. Sur le régime ou la Diététique. – 3. Sur la conception médicale. – 4. Causes concernant les circonstances défavorables ou favorables.

XIII. 1. Sur l'agriculture ou l'Arpentage. – 2. Sur l'art de peindre. – 3. Sur la tactique. – 4. Sur les combats à armes pesantes.

De ses Notes, on cite particulièrement les suivantes : <§ 49>. 1. Sur les livres sacrés de Babylone. – 2. Sur les signes sacrés* à Méroé. – 3. Description des côtes de l'Océan. – 4. Sur l'histoire. – 5. Étude sur la Chaldée. – 6. Étude sur la Phrygie. – 7. Sur la fièvre et la maladie de la toux. – 8. Causes touchant la jurisprudence. – 9. Problèmes de travaux d'art.

Parmi les écrits qu'on lui attribue encore, les uns sont composés d'après ses ouvrages originaux, les autres sont, de l'aveu de tous, apocryphes. Voilà ce qu'on peut dire de ses ouvrages.

Diogène Laërce, IX, 45-49 [DK 68 A 33].

N° 18. À en croire Posidonius, l'ancienne théorie des atomes appartiendrait à Mochos de Sidon, qui a vécu avant la guerre de Troie.

Strabon, *Géographie*, XVI, 757 [DK 68 A 55].

N° 19. Démocrite et Épicure ont inventé les atomes, si l'on ne veut pas admettre que cette théorie soit plus ancienne et qu'elle tire son origine, selon le stoïcien Posidonius, d'un certain phénicien Mochos.

Sextus Empiricus, *Contre les mathématiciens*, IX, 363 [DK 68 A 55].

* Hiéroglyphes.

1. La prognose désigne, dans la médecine hippocratique, non seulement la connaissance de l'avenir, mais aussi la connaissance de la maladie à partir de ses signes ou symptômes.

N° 20. Généralement[1], en mettant de côté les choses superficielles, personne encore, en dehors de Démocrite, n'a examiné avec attention un sujet quelconque. Celui-ci semble avoir réfléchi sur toutes choses, en se distinguant nettement par sa façon de procéder.

Aristote, *Génération et corruption*, I, 2, 315 a 34 [DK 68 A 35].

N° 21. Si nos prédécesseurs ne sont pas parvenus à ce procédé [scientifique][2], il faut en chercher la cause dans le fait qu'ils ne possédaient pas la notion d'essence ni la définition de la substance. Ce fut Démocrite, le premier, qui s'en occupa, non pas parce que cela lui fut nécessaire pour l'étude physique, mais parce qu'il y fut amené par les faits mêmes. Au temps de Socrate ce procédé fut plus répandu, mais les recherches physiques furent abandonnées, car les philosophes s'occupèrent de la vertu, qui est une chose utile, et des questions politiques.

Aristote, *Parties des animaux*, I, 1, 642 a 24 [DK 68 A 36].

1. Dans les lignes qui précèdent, Aristote dénonce la négligence de Platon à l'égard des conditions spécifiques de la génération et de la corruption. Le présent passage constitue donc une des rares allusions d'Aristote à la diversité des observations naturalistes de Démocrite. L'opposition entre Platon et Démocrite à ce propos revient en 316 a 10-14 : « À propos de l'existence des grandeurs indivisibles, certains expliquent leur multiplicité par le triangle idéal, alors que Démocrite semble avoir suivi des arguments plus propres à la physique. »

2. Il s'agit de la méthode préconisée par Aristote au début du traité. Elle subordonne, dans l'étude de l'organisme, la considération de la nécessité des moyens à celle de la cause finale (I, 1, 639 a 11 *sq.*). Démocrite, du point de vue d'Aristote, n'est assurément pas parvenu à définir l'essence, ni la substance. Toutefois, l'observation de la nature l'aurait conduit, malgré son ignorance de la cause finale, à pressentir la diversité des caractères spécifiques. Voir les n°s 20, 23 et 68 pour comprendre cette concession implicite d'Aristote.

PRINCIPES DE LA NATURE ET COSMOLOGIE

N° 22. (44) Les principes de toutes choses [dit Démocrite] sont les atomes et le vide, tout le reste n'est qu'opinion. Les mondes sont infinis en nombre, ils sont engendrés et périssables. Rien ne vient du néant, et rien, après avoir été détruit, n'y retourne. Les atomes sont infinis quant à leurs grandeurs et quant à leur nombre, ils se déplacent dans tout l'univers en effectuant des mouvements tourbillonnaires, et c'est de la sorte que se forment tous les composés : feu, eau, air et terre. Ces derniers sont, en effet, des assemblages de certains atomes, lesquels ne peuvent être, à cause de leur rigidité, ni entamés[1], ni modifiés. Le soleil et la lune sont également constitués d'atomes[2], qui sont lisses et ronds et dont l'âme aussi est formée, laquelle est identique à l'esprit. Nous voyons grâce à la pénétration de simulacres [dans l'œil]. (45) Tout est engendré conformément à la nécessité, le mouvement tourbillonnaire étant la cause de la formation de toutes choses, et c'est celui-ci qu'il appelle précisément « nécessité ». Le but[3] de l'existence c'est la joie de l'âme, qui n'est pas la même chose que le plaisir,

1. Littéralement : « ils sont impassibles » (ἀπαθῆ).
2. Littéralement : « particules » ou « masses » (ὄγκος).
3. Ou « la fin » (τέλος). Voir n°s 189, 307.

comme certains l'ont affirmé en le comprenant mal. Grâce à cette joie l'âme vit paisiblement et sainement[1], n'étant troublée par aucune crainte, aucune superstition, ni aucune autre affection. Il lui donne aussi le nom de bonheur[2] et beaucoup d'autres encore. Les qualités sont choses conventionnelles[3], par nature il n'y a que des atomes et du vide.

Diogène Laërce, IX, 44-45 [DK 68 A 1].

N° 23. Leucippe et Démocrite ont, avec le plus de méthode et au moyen d'une seule cause[4], tout expliqué en se servant d'un principe qui est conforme à la nature. En effet, quelques-uns parmi les anciens[5] croyaient que l'être est nécessairement un et immobile. Car, le vide ne faisant pas partie de l'être, il ne peut pas y avoir de mouvement, étant donné que le vide n'existe pas à part, ni de pluralité, puisqu'il n'y a rien qui sépare les choses (…).

Leucippe croyait être en possession d'arguments qui, s'accordant avec les données des sens, ne faisaient disparaître ni la génération, ni la destruction, ni le mouvement et la pluralité des êtres. Ayant ainsi parlé d'accord avec les phénomènes et concédé à ceux qui ont établi l'unité de l'être que le mouvement ne peut avoir lieu s'il n'y a pas de vide, il dit que celui-ci est

1. Littéralement : « en état d'équilibre. »

2. Littéralement : « le bien-être », mode d'être stable et équilibré.

3. Ou « par convention » (νόμῳ). Voir n°s 161, 170, 171, 172.

4. Ou : « un seul raisonnement » (λόγος). Aristote insiste sur la grande économie de l'hypothèse atomiste qui pose comme seuls principes les atomes et le vide. Voir la suite de ce témoignage et le n° 27.

5. Il s'agit de Parménide et des Éléates en général, dont il est question dans les lignes suivantes. Voir Parménide DK 28 A 25 et Mélissos DK 30 B 7, § 7.

le non-être et qu'il n'y a rien dans l'être qui soit non-être. Car l'être véritable est absolument plein. Celui-ci n'est pas cependant un, mais constitué d'un nombre infini de corpuscules qui sont invisibles à cause de leur petitesse. Ils se meuvent dans le vide (car celui-ci existe), et la génération est due à leur réunion, la destruction à leur séparation. Ils exercent et subissent des influences à mesure qu'ils entrent en contact les uns avec les autres, d'où il s'ensuit que l'être n'est pas un. Le devenir est dû à leur agglomération et à leur enchevêtrement. L'Un véritable ne peut pas provenir de la pluralité, ni la pluralité véritable de l'Un : ceci est impossible.

Mais, de même qu'Empédocle et quelques autres encore affirment que les choses subissent des influences par les pores, de même toute altération[1] et tout pâtir sont dus au fait que le vide engendre la dissolution et la destruction; l'accroissement se produit semblablement par la pénétration de corpuscules solides [dans les intervalles vides]. Empédocle devait nécessairement dire à peu près ce que dit Leucippe. Il faut, en effet, qu'il existe certains corpuscules solides mais indivisibles, s'il est vrai que les pores ne sont pas partout continus. Ceci est, en effet, impossible, car il n'y aurait dans ce cas à côté d'eux rien de solide, mais tout serait vide. C'est pourquoi il est nécessaire que les éléments qui se touchent mutuellement soient indivisibles et que leurs intervalles soient vides, lesquels sont appelés par le premier [Empédocle] pores. Leucippe s'exprime de la même manière au sujet des influences exercées ou subies [par les choses].

Aristote, *Génération et corruption*,
I, 8, 324 b 35 / 325 a 23 / 325 b 24 [DK 67 A 7].

1. Le terme « altération » traduit ἀλλοίωσις.

N° 24. (2) Au sujet des éléments[1], qui sont le plein et le vide, il [Démocrite] s'exprime de la même manière que Leucippe, le plein étant, d'après lui, l'être, le vide le non-être. Il affirme en outre que les êtres se meuvent dans le vide éternellement, que les mondes sont en nombre infini et de grandeurs différentes. Dans certains d'entre eux, il n'y a ni soleil, ni lune, dans d'autres, ceux-ci sont plus grands que dans notre monde et dans d'autres mondes plus nombreux. (3) Les distances entre les mondes sont de grandeur inégale, dans tel endroit ils sont plus nombreux, dans tel autre en plus petit nombre. Il y en a qui sont en état d'accroissement, d'autres qui ont atteint leur plein développement, d'autres enfin qui sont en décadence. Dans tel endroit, les mondes se forment ; dans tel autre, ils sont en train de disparaître. Ils se détruisent en tombant les uns sur les autres. Certains mondes sont privés d'êtres vivants, de plantes et de toute humidité. (4) Dans notre monde, la terre est née avant les astres, la lune est située en bas, ensuite vient le soleil, puis les étoiles fixes. Les planètes ne se trouvent nullement à une pareille hauteur. L'univers se développe jusqu'à ce qu'il ne puisse plus rien englober de dehors. Il riait de tout, jugeant risibles toutes les affaires humaines.

Hippolyte, *Réfutation de toutes les hérésies*, I, 13 [DK 68 A 40].

N° 25. Toutes les choses, dit Démocrite, sont constituées d'atomes rudes ou lisses, crochus ou recourbés, et du vide qui se trouve entre eux.

Cicéron, *Premiers académiques*, II, 37, 121 [DK 68 A 80].

1. Hippolyte, évêque du début du IIIe siècle, réfute les hérésies de son époque en montrant que leurs idées sont comparables à celles des philosophes païens.

N° 26. Démocrite dit qu'il y a une infinité de mondes, parmi lesquels certains sont non seulement semblables entre eux, mais de tout point et parfaitement pareils, ne présentant aucune différence.

Cicéron, *Premiers académiques*, II, 17, 55 [DK 68 A 81].

N° 27. Leucippe et son compagnon Démocrite disent que le plein et le vide sont les éléments primordiaux. Ils affirment que l'un est l'être, l'autre le non-être, c'est-à-dire que le plein et le solide constituent l'être, le vide et le raréfié le non-être (c'est pourquoi ils soutiennent que l'être n'est pas plus réel que le non-être, parce que le vide n'est pas moins réel que le corps) : ce sont les causes matérielles de toutes choses. Et de même que ceux qui considèrent la substance fondamentale comme une attribuent la naissance de toutes choses à ses modifications, dont les origines sont la raréfaction et la condensation, de même ces philosophes considèrent les différences entre les éléments comme causes de toutes les autres choses. Ces différences sont au nombre de trois : forme (σχῆμα)[1], ordre (τάξις), position (θέσις). Car, disent-ils, l'être se distingue seulement par le type

1. En remplaçant ῥυσμός par σχῆμα dans l'exposé de la doctrine atomiste, Aristote remplace un terme à forte connotation dynamique (ῥυσμός signifie plutôt le rythme et suggère le mouvement incessant dans lequel l'atome est emporté) par un terme statique (σχῆμα désigne la forme géométrique ou la figure). Cette substitution s'accorde bien avec la tendance générale des critiques qu'il adresse aux Abdéritains, leur reprochant de ne pas expliquer l'origine du mouvement (voir notre introduction). Or, si l'atome est caractérisé par un terme dynamique, c'est très probablement que, pour ceux-ci, le mouvement est aussi originel que l'être et qu'il n'y a pas lieu d'en rechercher la cause, comme si le mouvement était précédé d'un état de repos (voir notre introduction, p. 11 *sq.*).

(ῥυσμῷ)*, le contact mutuel (διαθιγῇ), la direction (τροπῇ). Le type revient à la forme, le contact mutuel à l'ordre, la direction à la position. C'est ainsi que A se distingue de N par la forme, AN de NA par l'ordre, Ξ de H par la position. En ce qui concerne le mouvement, d'où les êtres l'ont acquis ou comment il leur est associé, ces philosophes, semblablement aux autres, ont complètement négligé d'en parler.

Aristote, *Métaphysique*, A, 4, 985 b 4 [DK 67 A 6].

N° 28. Démocrite suppose le solide et le vide, dont l'un, dit-il, existe comme être, l'autre comme non-être. L'être se distingue en outre par la position, la forme, l'ordre. Ce sont des genres de contraires. Ceux de position sont : haut, bas, devant, derrière ; ceux de figure sont : anguleux, droit, rond.

Aristote, *Physique*, I, 5, 188 a 22 [DK 68 A 45].

N° 29. Leucippe et Démocrite disent que les choses sont constituées de corps indivisibles, que ceux-ci sont infinis par le nombre et par les formes, et que les corps se distinguent les uns des autres par les éléments dont ils sont formés, ainsi que par la position et l'ordre de ces derniers. – Démocrite et Leucippe, ayant affirmé l'existence des formes, en font sortir l'altération et la génération, c'est-à-dire la naissance et la destruction de leur séparation et de leur réunion, l'altération, de leur ordre et de leur position [au contraire]. Et après avoir soutenu que le vrai se trouve dans les phénomènes, que ceux-ci sont contraires et en nombre infini, ils affirmèrent

* Jean Philopon dit (*Commentaire sur le Traité de l'âme d'Aristote*, p. 68, 3) que ῥυσμός est un mot abdéritain qui signifie forme (σχῆμα).

que les formes aussi sont en nombre infini, de sorte que, par suite des changements dans le composé, la même chose semble différente à tel ou tel individu. Elle se modifie dès que le moindre facteur s'y ajoute et paraît totalement différente quand un de ses éléments s'est déplacé : c'est ainsi que la tragédie et la comédie sont composées avec les mêmes lettres[1].

Aristote, *Génération et corruption*, I, 1, 314 a 21 / 315 b 6 [DK 67 A 9].

N° 30. Leucippe et Démocrite appelaient les corps primordiaux minimes atomes et disaient que, selon la différence de leurs formes, de leur position et de leur ordre, les corps sont chauds ou ignés, tels que ceux qui sont composés d'atomes plus pointus et plus subtils et dont la position est semblable, tandis que les corps froids et aqueux sont composés d'éléments contraires; les uns sont brillants et lumineux, les autres sombres et obscurs.

Simplicius, *Commentaire sur la Physique d'Aristote*, 36, 1 [DK 67 A 14].

N° 31. Leucippe, Démocrite… et Épicure disaient que les principes, qu'ils appelaient aussi atomes et indivisibles, sont infinis en nombre et impassibles, parce qu'ils sont compacts et sans vide. Car ils soutenaient que la division se produit à cause du vide qui se trouve dans les corps, mais que les atomes sont séparés les uns des autres dans le

1. Ce texte concède à la physique atomiste une certaine fécondité explicative et en montre les conséquences pour le problème de la connaissance : les différences de figure, d'ordre et de position expliquent la grande variété des agrégats et, par conséquent, la variabilité des représentations sensibles. Il y a donc, au moins sous cet aspect, un relativisme démocritéen, proche par ses conclusions de celui de Protagoras. Voir les n°s 137 (§ 69) et 166.

vide infini et que, différents par les formes, les grandeurs, la position et l'ordre, ils s'y meuvent. En se rencontrant brusquement ils entrent en collision, à la suite de quoi les uns rebondissent au hasard, les autres s'entrelacent suivant la convenance de leurs formes, de leurs grandeurs, de leur position, de leur ordre et restent unis : c'est ainsi que s'effectue la génération des composés.

Simplicius, *Commentaire sur le Traité du ciel d'Aristote*, 242, 18 [DK 67 A 14].

N° 32. Démocrite et Leucippe disaient que ce n'est pas seulement dans le monde que le vide existe, mais aussi au-delà.

Simplicius, *Commentaire sur la Physique d'Aristote*, 648, 12 [DK 67 A 20].

N° 33. Leucippe et Démocrite soutenaient qu'il existe dans le vide infini un nombre infini de mondes, composés d'un nombre infini d'atomes.

Simplicius, *Commentaire sur le Traité du ciel d'Aristote*, 202, 16 [DK 67 A 21].

N° 34. Leucippe et Démocrite affirmaient que le monde est sphérique. – D'après eux et Épicure, il n'est ni animé, ni gouverné par une providence, mais produit par une nature irrationnelle et constitué d'atomes. Leucippe dit qu'il est périssable.

Aétius, II, 2, 2-3, 2-4, 6 [DK 67 A 22].

N° 35. Leucippe et Démocrite tendent autour du monde une membrane ou enveloppe tissée d'atomes qui ont la forme de crochets d'hameçon.

Aétius, II, 7, 2 [DK 67 A 23].

N° 36. D'autres, comme Leucippe et Démocrite d'Abdère, établissent une théorie dont les conséquences ne sont pas non plus raisonnables. Ils affirment, en effet, que les grandeurs primordiales sont infinies en nombre, indivisibles quant à leur dimension, et que la pluralité ne peut pas provenir de l'Un, ni l'Un de la pluralité, mais que tout est engendré par l'entrelacement[1] et l'éclaboussement en tous sens[2] des éléments. Eux aussi[3] considèrent, en un certain sens, toutes choses comme étant nombres ou composées de nombres. Et bien qu'ils ne le montrent pas clairement, c'est cela pourtant qu'ils veulent dire. En outre, puisque les corps diffèrent par leurs formes et que celles-ci sont en nombre infini, les corps simples sont, d'après eux, aussi infinis en nombre. Mais ils n'ont pas précisé quelle est la forme de chaque élément, ils ont seulement donné une forme sphérique au

1. « entrelacement » traduit συμπλοκή.

2. « éclaboussement en tous sens » traduit περιπάλαξις. Voir le n° 50.

3. Comme les pythagoriciens et comme le fera plus tard Xénocrate, successeur de Platon, après Speusippe, à la tête de l'Académie. Aristote reprend la même idée en rapprochant Démocrite de Xénocrate dans le *Traité de l'âme*, I, 5, 408 b 32 *sq.*, définissant les atomes comme des points mathématiques. C'est assurément faire violence à la conception démocritéenne de l'atome qui est à la fois une entité indivisible, un solide, et une figure géométrique.

feu*. Ils distinguaient, par contre, l'air, l'eau et les autres choses d'après la grandeur et la petitesse [des atomes], en considérant leur nature comme étant en quelque sorte un mélange primordial[1] de tous les éléments.

Aristote, *Traité du ciel*, III, 4, 303 a 4 [DK 67 A 15].

N° 37. Il incombe à Leucippe et à Démocrite, qui affirment que les corps primordiaux se meuvent éternellement dans le vide infini, de dire ce qu'est ce mouvement et quel est leur mouvement naturel[2].

Aristote, *Traité du ciel*, III, 2, 300 b 8 [DK 67 A 16].

N° 38. Leucippe et Démocrite affirment que les atomes se meuvent grâce au fait qu'ils se heurtent et se poussent, mais ils ne disent pas d'où le mouvement naturel tire son origine. Car le mouvement produit par l'entrechoquement est un mouvement contraint et non naturel, et un tel mouvement est nécessité par un mouvement naturel.

Alexandre d'Aphrodise, *Commentaire sur la Métaphysique d'Aristote*, 36, 21 [DK 67 A 6].

* C'est-à-dire aux atomes qui constituent le feu.

1. Ou une « réserve séminale » (πανσπερμία). Voir, chez Aristote, le n° 44 (où Démocrite est cité après Anaxagore, DK 59 A 45) et le n° 149, à rapprocher du n° 40, où Simplicius fait mention de l'isonomie due à l'infinité des atomes et de leurs formes.

2. Aristote reproche aux atomistes de ne pas pouvoir expliquer l'origine du mouvement. À ses yeux en effet (comme aux yeux de ses commentateurs ; voir Alexandre d'Aphrodise, n° 38, et Simplicius, n° 44), le mouvement des atomes, dû au choc, ne peut être conçu que comme violent et non « naturel », comme un mouvement second. Cette critique revient, là encore, à nier que le mouvement soit ontologiquement et irréductiblement lié aux atomes, depuis toujours et pour toujours.

N° 39. « Démocrite soutenait que la nature des choses éternelles consiste en petites substances dont le nombre est infini. À côté d'elles il suppose en outre l'espace infiniment grand qu'il désigne par les termes : vide, néant, infini ; chacune des substances, par contre, est appelée : quelque chose, solide, être. Il pense que ces substances sont tellement petites qu'elles échappent à nos sens. Elles possèdent les formes, les figures et les grandeurs les plus variées. C'est d'elles comme éléments que se constituent et se forment ensuite les choses visibles et les masses perceptibles par le sens. Elles sont agitées et transportées dans le vide à cause de leur dissemblance et de leurs autres différences spécifiées. En se déplaçant, elles se heurtent les unes contre les autres, s'enchevêtrent et forment un complexe tel qu'il s'établit entre elles un rapprochement et un contact intime, sans qu'il en résulte, en vérité, une seule nature ; il est, en effet, tout à fait absurde que deux ou un nombre plus élevé deviennent jamais un. Que les substances puissent rester unies jusqu'à un certain point, il en attribue la cause à l'entrelacement et à la résistance des atomes. Il y en a parmi eux qui sont scalènes, ou crochus, ou concaves, ou convexes, et, enfin, ceux qui représentent les autres variétés innombrables. Il est d'avis que les corpuscules se maintiennent dans l'état d'union tant qu'une nécessité plus forte survenant de l'enveloppe périphérique du monde ne les ébranle et ne les disperse pas.* »

* Ce passage est extrait par Simplicius d'un ouvrage perdu d'Aristote intitulé *Sur Démocrite*.

Il dit que non seulement les êtres vivants, mais aussi les plantes, les mondes et, en un mot, tous les corps sensibles sont sujets à la naissance et à son contraire, qui est la dissolution. Si la génération est une combinaison d'atomes, la destruction réside dans leur dissolution, et, à en croire Démocrite, la génération serait une altération.

Simplicius, citant Aristote [*Sur Démocrite*, Fgt 208 Rose],
Commentaire sur le Traité du ciel d'Aristote,
294, 33 [DK 68 A 37].

N° 40. Démocrite d'Abdère, le compagnon de Leucippe, admettait semblablement que les principes sont le plein et le vide, qu'il appelait respectivement être et non-être. En supposant que les atomes sont la substance des êtres, ils attribuent la naissance de toutes les autres choses à leurs différences. Celles-ci sont au nombre de trois : le type, la direction, le contact mutuel, ce qui est la même chose que : la forme, la position, l'ordre. Il est, en effet, naturel que le semblable soit mis en mouvement par le semblable, que les choses de même nature se portent les unes vers les autres, et que chacune des formes rangée dans une autre combinaison détermine un autre état. De sorte que, en supposant que les principes sont en nombre infini, ils pouvaient avec raison promettre d'expliquer tous les phénomènes et toutes les essences, et d'où et comment une chose quelconque tire son origine. C'est pourquoi ils soutiennent que c'est pour ceux-là seuls qui admettent un nombre infini d'éléments que tout arrive conformément à la raison. Et le nombre des formes des atomes est infini, disent-ils, parce qu'il n'y a aucun motif pour que telle forme existe de préférence à telle autre[1]. Voilà ce qu'ils donnent comme raison de l'infinité.

Simplicius, *Commentaire sur la Physique d'Aristote*, 28, 15 [DK 68 A 38].

N° 41. Les gens veulent que l'intervalle, dans lequel il n'y a pas de corps sensible, soit vide. Pensant que tout ce qui existe est corps, ils disent que là où il n'y a généralement rien, là se trouve le vide. Est par conséquent vide ce qui est seulement plein d'air. Or, il ne s'agit pas de démontrer que l'air est quelque chose, mais qu'il n'existe point d'étendue différente des corps, soit séparée d'eux, soit en acte, qui pénètre tout le corps*, de sorte qu'il n'est plus continu, comme le disent Démocrite et Leucippe, ainsi que d'autres naturalistes ; ou bien il pourrait y avoir quelque chose hors du corps entier qui reste continu. Ces

* C'est-à-dire qui sépare par des intervalles les éléments dont il est constitué.

1. Littéralement : « rien n'est pas plus ceci que cela ». Simplicius montre ce que Démocrite entend par la formule « pas plus » (οὐ μᾶλλον) qui, après lui, mais en un sens différent, deviendra l'emblème de la philosophie de Pyrrhon, fondateur de la tendance sceptique. L'infinité des figures atomiques implique qu'aucune figure n'existe en plus grand nombre qu'une autre. C'est là une sorte de principe de raison suffisante ou d'isonomie pour expliquer la multiplicité indéfinie des variations combinatoires qui résultent de leur association et de leur séparation. Voir, à propos de la nature de l'âme, le n° 149. La formule οὐ μᾶλλον a cependant d'autres applications, chez Démocrite lui-même. Voir les n°s 27, 418 et les textes de Sextus Empiricus dans les *Hypotyposes pyrrhoniennes*, I, 213-214, texte D. 16 du dossier, et de Plutarque, *Contre Colotès*, 1108 F – 1109 A [DK 68 B 156], texte D. 14 du dossier. Sur cette question, on pourra consulter A. Gräser, « Demokrit und die skeptische Formel », *Hermes*, 98, 1970, p. 300-317.

auteurs * donc n'arrivent même pas au seuil du problème, mais il en est autrement de ceux qui affirment que le vide existe. Ces derniers soutiennent, premièrement, que le mouvement dans l'espace ne pourrait pas exister (c'est-à-dire le déplacement et la croissance), car il ne semble pas que le mouvement puisse avoir lieu sans le vide ; il est, en effet, impossible que le plein reçoive quelque chose…

À l'aide de ces raisonnements donc ils démontrent d'une première façon que le vide existe. Ils le prouvent encore par le fait que certaines choses se resserrent et se condensent… Il paraît en outre que la croissance des êtres ne peut se faire que grâce au vide… Ils invoquent aussi comme preuve la cendre [qui remplit un récipient], lequel reçoit autant d'eau qu'il peut en contenir quand il est vide.

Aristote, *Physique*, IV, 6, 213 a 27 [DK 67 A 19].

N° 42. Démocrite supposait que l'univers est infini, parce qu'il n'a nullement été créé par un être quelconque. Il affirme en outre que l'univers est immuable et expose surtout d'une manière rationnelle comment il est constitué. Les causes des phénomènes qui se produisent dans le présent n'ont eu aucun commencement, car les choses passées, présentes et futures étaient, de toute éternité, absolument prédéterminées par la nécessité. Il explique aussi la formation du soleil et de la lune. Ceux-ci se mouvaient dans leurs orbites propres, ils ne contenaient aucune substance chaude et n'avaient aucun éclat, leur nature était, au contraire, tout à fait semblable à celle de la terre. Chacun d'eux s'est d'abord formé conformément à une certaine constitution particulière de

* Anaxagore et ceux qui l'imitent, dont Aristote a critiqué les doctrines avant d'aborder celles de Démocrite et Leucippe.

l'univers, mais lorsque la sphère du soleil s'était par la suite agrandie, le feu s'y est trouvé compris.

Pseudo-Plutarque, *Stromates*, 7 [DK 68 A 39][1].

N° 43. Ceux qui appellent atomes certains corpuscules indestructibles, extrêmement petits, innombrables, et qui admettent un certain espace vide sans bornes, disent que ces atomes se déplacent au hasard dans le vide en se heurtant fortuitement les uns contre les autres, à cause de leur mouvement impétueux et désordonné, et en s'enlaçant, parce que, ayant des formes variées, ils s'accrochent les uns aux autres. C'est ainsi que se forment le monde et les choses qu'il contient, ou plutôt les mondes innombrables. Les auteurs de cette doctrine sont Épicure et Démocrite, qui diffèrent en ceci que le premier soutient que tous les atomes sont de grandeur minime et, à cause de cela, imperceptibles, tandis que le dernier pense que certains atomes sont très gros[2]. Mais

1. Le Pseudo-Plutarque a été identifié comme étant un auteur du IIe siècle de notre ère qui, en prenant le nom fameux de Plutarque, voulut sans doute s'assurer du succès de ses propres œuvres. Il eut de fait une grande influence sur Eusèbe de Césarée, au IVe siècle (voir le texte suivant).

2. Qu'il y ait des atomes « très gros » est assez surprenant. Aétius dit même qu'il y a, pour Démocrite, des atomes grands comme des mondes (voir le n° 45). Comment comprendre dans ce cas la double affirmation de leur petitesse (comme au début du présent texte et chez Aristote, nos 23, 39) et de leur caractère imperceptible ? Denys et Aétius ont pu interpréter la doctrine de Démocrite à partir de sa critique implicite par Épicure dans la *Lettre à Hérodote*, § 55 (DK 68 A 43 ; voir texte D. 4 du dossier) et prêter à l'Abdéritain l'idée qu'à une infinité de formes doit correspondre une infinité de grandeurs atomiques. L'image d'un atome gros comme un monde en serait l'expression à la fois logique et caricaturale. Il devient par ailleurs plus difficile d'imaginer leur indivisibilité. Si celle-ci est physique, garantie par la dureté et l'absence de vide interne, est-elle également théorique ? Ne peut-on,

l'un et l'autre affirment que les atomes existent et qu'ils sont ainsi appelés à cause de leur dureté indissoluble.

Denys d'Alexandrie chez Eusèbe de Césarée, *Préparation évangélique*, XIV, 23, 2, 3 [DK 68 A 43][1].

en droit, distinguer des parties théoriques de l'atome dès lors qu'un atome peut être dit le double ou le triple d'un autre, *a fortiori* lorsqu'il est très gros ?

Les textes dont nous disposons ne permettent pas de donner une réponse totalement satisfaisante à ces questions. Sans doute la théorie démocritéenne peut-elle paraître ici prise en défaut. Toutefois, on remarquera en lisant le n° 39 qu'Aristote indique à la fois la petitesse des atomes et leurs différences de taille (« Il pense que ces substances sont tellement petites qu'elles échappent à nos sens. Elles possèdent les formes, les figures et les grandeurs les plus variées »). Il n'y a pas là pour lui de contradiction, dans ce texte du moins, et probablement n'y en avait-il pas non plus pour Démocrite lui-même. Il n'est pas sûr en effet que l'infinité de formes implique l'infinité de grandeurs, comme le pense Épicure, notamment si l'on admet que les atomes de Démocrite sont sans parties, alors qu'ils en ont pour Épicure. Cet argument est proposé par D. O'Brien, « La taille et la forme des atomes dans les systèmes de Démocrite et d'Épicure ("Préjugé" et "présupposé" en histoire de la philosophie) », *Revue philosophique de la France et de l'Étranger*, 2, 1982, p. 195. L'auteur, il est vrai, remet également en question l'infinité des formes atomiques au profit de la thèse d'un nombre seulement indéfini de formes, d'après le témoignage d'Aristote.

Deux éléments toutefois doivent être gardés en mémoire. Tout d'abord, les atomes sont indivisibles par eux-mêmes, non seulement en tant que *minima* matériels, mais aussi en tant que formes (voir notamment le n° 51). Leur indivisibilité est non seulement physique, mais aussi théorique, recoupant leur détermination intelligible. Leur taille est donc d'une importance tout à fait secondaire de ce point de vue. Ensuite, Aristote, dans le même texte, précise qu'ils échappent à nos sens. S'il y a variété, et même variété indéfinie, des grandeurs des atomes, c'est donc dans leur ordre, autant que les grandeurs peuvent varier dans le champ de l'infra-perceptible.

1. Denys fut évêque d'Alexandrie de 248 à 265. Ces lignes sont extraites d'un traité *De la nature* dans lequel les atomistes sont dénoncés comme étant les ennemis de la Providence. Telle est également l'opinion de son citateur, Eusèbe de Césarée, qui rédige la *Préparation évangélique* entre 310 et 325.

N° 44. Démocrite dit qu'aucun des éléments primordiaux ne tire son origine d'un autre élément. Au contraire, la nature corporelle qui leur est commune est le principe de toutes choses et ne se distingue dans ses parties que par la grandeur et la forme.

Aristote, *Physique*, III, 4, 203 a 33 [DK 68 A 41].

N° 45. Démocrite disait qu'il y a deux [propriétés], la grandeur et la forme, tandis qu'Épicure y ajoutait, comme troisième, la pesanteur[1]. Car, disait-il, c'est une nécessité que les corps se meuvent sous l'action de la pesanteur. – Démocrite disait que les corps primordiaux (c'est-à-dire les masses compactes) ne possèdent pas de pesanteur, mais qu'ils sont mis en mouvement dans l'espace infini par le choc mutuel. Et il est possible que l'atome soit aussi grand que le monde. – Il déclarait qu'il existe un seul genre de mouvement, le mouvement par secousse.

Aétius, I, 3, 18 / 12, 6 / 23, 3 [DK 68 A 47].

1. Sur cette délicate question, voir le n° 50 et la note. Sur la question de l'origine du mouvement, voir nos remarques précédentes aux nos 27 et 37, et notre introduction.

N° 46. Démocrite dit que les atomes sont de par leur nature inertes, ils sont en mouvement grâce au choc [1].

Simplicius, *Commentaire sur la Physique d'Aristote*, 42, 10 [DK 68 A 47].

N° 47. Ceux qui ont renoncé à la division à l'infini, pour la raison que nous ne pouvons pas diviser les choses indéfiniment et prouver par là que leur division n'a pas de borne, disaient que les corps sont constitués de particules indivisibles et qu'ils se décomposent en elles. Toutefois, tandis que Leucippe et Démocrite croient que ce n'est pas seulement l'impassibilité des corps primordiaux qui est cause de leur indivisibilité, mais aussi leur petitesse et la non-possession de parties, Épicure, par la suite, n'admet pas cette dernière, mais dit que les corps primordiaux sont indivisibles parce qu'ils sont impassibles. Aristote a, en plusieurs endroits, discuté la doctrine de Leucippe et Démocrite, et c'est également par les mêmes arguments invoqués contre l'absence de parties qu'Épicure, qui sympathisait avec la doctrine de Leucippe et Démocrite concernant les corps primordiaux, laissa à ces derniers

1. Le même Simplicius dit pourtant, à la suite de Théophraste, que d'après Leucippe les atomes sont « toujours en mouvement » (n° 418). Qu'il s'agisse de Leucippe plutôt que de Démocrite n'est guère significatif car Simplicius, comme Aristote, ne distingue pas véritablement leurs apports respectifs. Il n'y a pas pour autant contradiction dans les propos de Simplicius : les atomes sont, de fait, toujours en mouvement. Cependant, comme ce mouvement est consécutif à un choc, il n'est du point de vue aristotélicien qu'un mouvement violent, second par rapport au mouvement naturel et primordial (voir nos remarques au n° 37). Il reste que, du strict point de vue atomiste, l'atome est ontologiquement immuable, comme l'être parménidien, et n'est pas modifié par le mouvement qui lui est pourtant connaturel.

leur impassibilité, mais leur ôta la propriété de ne pas contenir de parties[1] ; c'est aussi pour cela qu'Aristote les réfuta.

Simplicius, *Commentaire sur la Physique d'Aristote*, 925, 10 [DK 67 A 13].

N° 48. Si l'univers n'était pas continu, mais, comme l'affirment Démocrite et Leucippe, [constitué d'éléments] séparés par le vide, leur mouvement devrait être nécessairement un. Car, bien qu'ils se distinguent par leurs formes, leur nature, disent-ils, est une, comme si chaque élément séparé était d'or[2].

Aristote, *Traité du ciel*, I, 7, 275 b 29 [DK 67 A 19].

N° 49. Ils [les atomistes] disent que le mouvement s'effectue grâce au vide[3]. Les mêmes affirment, en effet, que le mouvement de la nature est un mouvement dans l'espace.

Aristote, *Physique*, VIII, 9, 265 b 24 [DK 68 A 58].

1. Voir Épicure, *Lettre à Hérodote*, § 58-59 (dossier, D. 4) et Lucrèce, I, 599-614. Le texte d'Aristote auquel fait allusion Simplicius est un passage de la *Physique*, VI, 10, 240 b 8 *sq.*

2. Ou encore : « comme les pièces d'or d'un tas sont mutuellement séparées. »

3. Le vide apparaît ici, sinon comme la cause, du moins comme la condition négative du mouvement des atomes. Pour une interprétation du vide abdéritain comme cause négative du mouvement, voir J.-P. Dumont, « Les Abdéritains et le non-être », *Bulletin de la Société française de philosophie*, 77, 1983, p. 37-72.

N° 50. Les atomes, c'est-à-dire les corps physiques, primordiaux et insécables. Ce sont ceux-ci qu'ils <Leucippe et Démocrite> appelaient nature, et ils disaient que, étant mis en mouvement par suite de la pesanteur qui leur est inhérente, ils sont transportés dans l'espace à travers le vide, qui n'oppose aucune résistance. Car les atomes, disaient-ils, sont agités[1] dans tous les sens. Et ce mouvement leur est attribué non pas seulement comme premier mouvement, mais comme le seul et unique mouvement. Les autres espèces de mouvements appartiennent aux corps formés d'éléments primordiaux. Les corps se développent et dépérissent, s'altèrent, naissent et se dissolvent par suite de la réunion et de la séparation des corps primordiaux[2].

Simplicius, *Commentaire sur la Physique d'Aristote*, 1318, 33 [DK 68 A 58].

1. Ou plutôt, si l'on suit la correction, généralement admise, de Diels : « voltigent en tous sens » (περιπαλάσσεσθαι). L'image de la voltige ou de l'éclaboussement est ici plus appropriée que celle de l'agitation ou de la secousse. Voir le n° 36.

2. Ce texte de Simplicius est porteur d'un double enseignement. Premièrement, il montre qu'à l'unité de « nature » (φύσις) correspond une unité de mouvement et que les divers mouvements identifiables ne sont que des modifications mécaniques d'un unique mouvement primordial. Celui-ci est, primitivement, un éclaboussement en tous sens. Deuxièmement, on notera que Simplicius semble ici rendre le poids propre des atomes responsable du mouvement, alors qu'Aétius (voir le n° 45) nous dit que Démocrite n'attribue pas le poids aux atomes, ce qu'Épicure fera. Seuls seraient pesants les composés. Il y a donc là une grave divergence dans nos sources et la question de la pesanteur des atomes a fait l'objet de nombreuses discussions. Certains interprètes, comme Zeller, ont rejeté le témoignage d'Aétius au profit de celui de Simplicius pour affirmer que la pesanteur est bien une propriété des atomes isolés et qu'elle est cause du mouvement.

N° 51. Il y a des substances en nombre infini, [dit Démocrite], insécables et impassibles, et, de plus, sans qualités et immuables, qui se meuvent dans le vide où elles sont disséminées. Mais lorsqu'elles se rapprochent les unes des autres, ou qu'elles entrent en collision, ou qu'elles s'entrelacent, il résulte de leur agrégation soit de l'eau, soit du feu, soit une plante, soit un être humain. Toutes les choses sont constituées de formes indivisibles, comme il les appelle[1], il n'y a rien d'autre. Car, rien ne

De fait Aristote (voir n°s 55-56), mais aussi Théophraste (voir n° 137, § 61 et 71), témoignent de la pesanteur des atomes. On peut néanmoins admettre la pesanteur des atomes sans en faire la cause du mouvement, causalité que Simplicius n'affirme d'ailleurs pas expressément. Nous avons vu, en effet, que le problème de la cause première du mouvement était très probablement un faux problème, rétrospectivement projeté sur la physique de Démocrite.

La question devient dès lors la suivante : comment concevoir que la pesanteur soit une propriété des atomes, alors que ceux-ci ont pour mouvement premier un éclaboussement en tous sens, mouvement qui ne s'effectue donc pas uniquement de haut en bas ? On pourra se reporter à l'étude de D. O'Brien, *Theories of Weight in the Ancient World*, I : *Democritus, Weight and Size*, Paris-Leyde, Les Belles Lettres-Brill, 1981, ou à l'article en français qui en annonçait la publication : « L'atomisme ancien : la pesanteur et le mouvement des atomes chez Démocrite », *Revue philosophique de la France et de l'Étranger*, 4, 1979, p. 401-426. L'auteur propose de résoudre ce problème en admettant que la pesanteur, chez les Abdéritains, n'implique pas nécessairement un mouvement de haut en bas. On comparera cette interprétation à celle de D.J. Furley, *Cosmic Problems*, « Essays on Greek and Roman philosophy of nature », Cambridge, Cambridge University Press, 1989, p. 91-102, qui souligne le caractère paradoxal de la lecture précitée et rend le tourbillon, et non la pesanteur, responsable du mouvement qui ne s'effectue pas de haut en bas.

1. « de formes indivisibles, comme il les appelle », ou encore : « de substances indivisibles qu'il appelle *idées* (ἰδέας) ». Le texte atteste l'usage abdéritain du terme « idée » (ou « forme ») pour désigner les atomes, comme les témoignages de Simplicius (n° 65), de Sextus Empiricus, qui fait allusion à un traité de Démocrite intitulé *Des idées* ou *Formes* (n° 171), et d'Aétius (n° 150).

peut naître du non-être, et rien ne peut provenir des êtres qui existent, puisque les atomes ne peuvent, à cause de leur solidité, ni être affectés ni changer. De sorte que la couleur ne peut pas naître de ce qui est incolore, ni la nature ou l'âme de ce qui est privé de qualités ou de ce qui n'est sujet à aucune affection. Démocrite ne doit donc pas être rejeté pour avoir admis les conséquences qui découlent de ses principes, mais pour avoir posé des principes qui impliquent de telles conséquences.

Plutarque, *Contre Colotès*, VIII, 1110 F [DK 68 A 57].

N° 52. Nous voyons le même corps continu être tantôt liquide tantôt solide, et ces états ne sont pas dus à la séparation et à la réunion [des atomes], ni à leur changement de direction et à leur contact mutuel, comme le dit Démocrite, car ce n'est pas par suite du changement de position et de direction [des atomes] qu'il passe de l'état liquide à l'état solide.

Aristote, *Génération et corruption*, I, 9, 327 a 16 [DK 68 A 38].

N° 53. Il est impossible, étant donné que les éléments sont insécables, que l'air, la terre et l'eau diffèrent par la grandeur et la petitesse ; car ils ne peuvent pas naître l'un

Cela ne signifie pas que les atomes sont incorporels mais : 1) qu'ils se distinguent mutuellement par leurs formes ; 2) que c'est également en tant que formes qu'ils sont indivisibles et pas uniquement à cause de leur petitesse ou de leur dureté ; 3) qu'ils sont des intelligibles, au sens où ils ne peuvent être saisis en tant qu'atomes que dans l'exercice du jugement légitime par opposition à la sensation (voir le n° 171). On pourra consulter sur cette question, V.E. Alfieri, *Atomos Idea : l'origine del concetto dell'atomo nel pensiero greco*, *op. cit*.

de l'autre. Les atomes les plus gros, en effet, resteront toujours éliminés, et c'est de cette façon, disent-ils [les atomistes], que l'eau, l'air et la terre naissent l'un et l'autre.

Aristote, *Traité du ciel*, III, 4, 303 a 25 [DK 68 A 60a].

N° 54. Empédocle et Démocrite ne se rendent pas compte que ce n'est pas la génération réciproque [des substances] qu'ils réalisent, mais la génération apparente... (3) Ce qui est composé de particules plus subtiles occupe un espace plus grand. Il est évident que ceci a aussi lieu quand il y a changement d'un état en un autre. En effet, quand l'humide s'est évaporé et transformé en air, les vases contenant de la matière se brisent, parce que l'espace est devenu trop étroit. Par conséquent, si le vide n'existe point du tout et si les corps ne se dilatent point, comme l'affirment ces auteurs [Empédocle, Anaxagore], l'impossibilité [de ce phénomène] devient manifeste. Mais si le vide et la dilatation [des corps] existent [selon Démocrite], il est absurde de soutenir que le corps séparé occupe, nécessairement, toujours plus d'espace.

Aristote, *Traité du ciel*, III, 7, 305 b 1 [DK 68 A 46 a].

N° 55. Démocrite dit que chacun des atomes est d'autant plus pesant qu'il est plus gros[1].

Aristote, *Génération et corruption*, I, 8, 326 a 9 [DK 68 A 60].

1. Pour Aristote, Démocrite attribue donc le poids aux atomes isolés et estime qu'il est fonction de leur taille. Voir la note n° 50 et le texte suivant.

N° 56. Ceux qui admettent que les corps primordiaux sont des solides peuvent avec plus de raison soutenir que le corpuscule plus gros est aussi plus pesant. Mais en ce qui concerne les composés, puisqu'il est manifeste que chacun d'eux ne se comporte pas de la même manière, car beaucoup de corps plus pesants sont plus petits quant à leur masse[1], comme, par exemple, l'airain comparé à la laine, certains auteurs ont supposé et énoncé une autre cause. C'est, disent-ils, le vide contenu dans les corps qui les rend plus légers et qui fait que les plus gros sont moins pesants : ils contiennent, en effet, plus de vide… Mais il faut que ceux qui donnent cette explication ajoutent que, si un corps est plus léger, ce n'est pas seulement parce qu'il contient plus de vide, mais aussi parce qu'il contient moins de substance solide. Car, si cette proportion est dépassée, il ne sera pas plus léger.

C'est pourquoi ils soutiennent encore que le feu est le plus léger, parce qu'il contient le plus de vide. Il arriverait ainsi[2] que beaucoup d'or, s'il ne contenait pas plus de substance solide, serait plus léger que peu de feu, parce qu'il contient plus de vide que ce dernier.

1. « masse » : c'est-à-dire le volume global.

2. Si la légèreté ne correspondait pas à une plus petite quantité de solide. Si une pelote de laine est plus légère qu'un morceau de bronze, c'est non seulement qu'elle contient plus de vide, mais aussi parce qu'elle contient moins de solide que celui-ci en proportion. C'est du moins, selon Aristote, ce que les atomistes auraient dû expliquer pour justifier leurs principes. Une tonne de laine pèsera toujours plus lourd qu'un kilo de bronze, mais ce qui détermine le poids d'un composé relativement à un autre, c'est la proportion de solide par rapport au vide.

Aux yeux d'Aristote, la théorie de Démocrite présente l'avantage, par rapport à celle de Platon (*Timée*, 63 c, dont la critique précède notre témoignage), de donner une explication de ce paradoxe apparent qu'un corps plus gros peut être également plus léger. Cette explication,

– Mais, si les matières sont contraires, comme l'affirment ceux qui admettent le vide et le plein, on ne pourra pas dire que c'est par suite d'une certaine cause que les choses qui se trouvent entre les objets absolument pesants et absolument légers sont plus pesantes ou plus légères les unes que les autres et que ces derniers. Et vouloir expliquer cela par la grandeur et la petitesse est plus illusoire que les suppositions précédentes.

Aristote, *Traité du ciel*,
IV, 2, 309 a 1 / 309 b 34 [DK 68 A 60].

N° 57. Démocrite et après lui Épicure affirment que, étant donné que tous les atomes sont de même nature, ils sont doués de pesanteur, d'où il arrive que certains d'entre eux qui sont plus lourds forment un dépôt et poussent dehors les plus légers qui sont emportés vers le haut, ce qui fait paraître, disent-ils, que les uns sont légers, les autres lourds. – Les adeptes de Démocrite soutiennent que tout est doué de pesanteur, d'où il résulte que le feu qui a moins de pesanteur est poussé dehors par les masses déjà existantes et emporté vers le haut et pour cette raison

toutefois, demeure insuffisante à ses yeux. Aristote exclut en effet l'existence du vide et caractérise la pesanteur par la tendance, naturelle aux corps graves, à aller vers le bas.

On notera enfin la distinction entre le plan des atomes et celui des composés : « Mais en ce qui concerne les composés [...] ». Si dans le premier cas, les différences de poids sont expliquées par les différences de taille (voir le texte précédent), elles sont, dans le cas des composés, expliquées par les différences de densité. Le passage du plan des atomes isolés au plan des composés n'est donc pas simplement graduel, mais il nécessite l'adoption d'explications plus complexes et, en ce sens, nouvelles : « certains auteurs <les atomistes> ont supposé et énoncé une autre cause ».

semble léger. Ils pensent que la pesanteur seule existe et qu'elle tend toujours vers le centre[1].

Simplicius, *Commentaire sur le Traité du ciel d'Aristote*, 569, 5 [DK 68 A 61].

N° 58. Démocrite, seul, en comparaison avec les autres, s'est exprimé d'une manière propre. Il dit, en effet, que c'est la même chose qui agit et qui pâtit, car il n'est pas possible que les choses hétérogènes et différant les unes des autres s'influencent mutuellement ; il est plutôt vrai que si, tout en étant hétérogènes, elles agissent les unes sur les autres, ce n'est pas parce qu'elles sont hétérogènes, mais parce qu'elles contiennent quelque chose d'identique grâce à quoi elles se comportent ainsi.

Aristote, *Génération et corruption*, I, 7, 323 b 10 [DK 68 A 63].

N° 59. Démocrite, qui est d'avis que ce qu'on appelle mélange est produit par la juxtaposition des atomes, étant donné que les mélanges se séparent en éléments, qui par leur juxtaposition forment le mélange, dit que ce n'est pas, à la vérité, dès l'origine qu'il existe des mélanges quelconques, mais que ce qui nous apparaît comme mélange est une réunion de petits corpuscules, dont chacun garde la nature propre qu'il possédait avant le mélange. Ils semblent se mélanger parce que notre sensibilité ne peut, à cause de leur petitesse, percevoir séparément aucun des éléments juxtaposés.

Alexandre d'Aphrodise, *Du Mélange*, 2 [DK 68 A 64].

1. Ce que nous appelons légèreté n'est qu'une apparence qui s'explique par une moindre pesanteur : les atomes, qui constituent toutes choses, sont par nature pesants.

N° 60. La dissolution du monde arrive lorsqu'un monde plus grand en détruit un autre plus petit.

Aétius, II, 4, 9 [DK 68 A 84].

N° 61. « Ce n'est pas à la matière qui possédait la capacité de former le monde que retourne ce dernier après sa dissolution et sa destruction, dit Alexandre d'Aphrodise, mais il se transforme en un autre monde. Car, comme il y en a un nombre infini qui se succèdent les uns aux autres, il n'est pas nécessaire qu'il y ait retour au même monde. » C'est ce que pensaient les adeptes de Leucippe et de Démocrite…, mais comme, selon ce dernier, les mondes qui se transforment en d'autres mondes sont constitués des mêmes atomes, ils prennent la même forme, même s'ils diffèrent par le nombre.

Simplicius, *Commentaire sur le Traité du ciel d'Aristote*, 310, 5 [DK 68 A 82].

NÉCESSITÉ ET HASARD

N° 62. Démocrite, qui néglige de parler de la cause finale, ramène à la nécessité toutes les opérations de la nature.

Aristote, *Génération des animaux*, V, 8, 789 b 2 [DK 68 A 66].

N° 63. Au sujet de l'essence de la nécessité Démocrite dit qu'elle consiste dans la résistance, le mouvement et le choc de la matière.

Aétius, *Opinions*, I, 26, 2 [DK 68 A 66].

N° 64. Il ne faut pas, en général, approuver l'opinion selon laquelle une cause est suffisante parce qu'il en est toujours ainsi, ou parce que cela se passe toujours de la même manière. C'est à cela que Démocrite ramène les causes de la nature, en soutenant que les choses d'autrefois se sont passées de même. Il ne juge pas convenable de rechercher le principe de ce qui existe éternellement.

Aristote, *Physique*, VIII, 1, 252 a 32 [DK 68 A 65].

N° 65. Démocrite dit qu'un tourbillon de formes[1] variées s'est détaché de l'univers (sans dire comment ni par quelle cause) ; il s'est, paraît-il, produit spontanément et par hasard.

Simplicius, *Commentaire sur la Physique d'Aristote*, 327, 24 [DK 68 A 67].

N° 66. Il y en a qui doutent si le hasard existe ou non, car, disent-ils, rien ne se produit par hasard, mais il existe une cause déterminée pour tout ce que nous considérons comme se produisant spontanément ou par hasard.

Aristote, *Physique*, II, 4, 195 b 36 [DK 68 A 68].

N° 67. Cette expression « comme le soutenait la vieille doctrine qui élimine le hasard » paraît se rapporter à Démocrite. Car, bien que celui-ci semble s'être servi du hasard dans sa cosmogonie, dans les choses plus particulières le hasard, dit-il, n'est cause d'aucun événement, et il rapporte tout à d'autres causes comme, par exemple, la découverte d'un trésor à l'action de creuser la terre ou à celle de planter un olivier, la fracture du crâne du chauve à l'action de l'aigle jetant sa tortue afin d'en briser la carapace. C'est ce que raconte Eudème.

Simplicius, *Commentaire sur la Physique d'Aristote*, 330, 14 [DK 68 A 68].

N° 68. Il y en a qui regardent le hasard comme cause de ce ciel et de tous les mondes. C'est du hasard, en effet, que proviendraient le tourbillon et le mouvement qui ont produit la ségrégation et établi l'ordre dans le monde.

1. En grec, ἰδέα. Voir le n° 51 et la note.

Ceci est bien étonnant. Car, tandis qu'ils affirment que ni l'existence ni la naissance des êtres vivants et des plantes ne sont dues au hasard, mais que la nature ou l'esprit ou quelque autre chose en est la cause (puisque de chaque semence ne sort pas un produit quelconque, mais de l'une un olivier, de l'autre un homme), ils soutiennent que le ciel et ce qu'il y a de plus divin dans les choses visibles proviennent du hasard, et qu'il ne s'y manifeste pas de cause semblable à celle des êtres vivants et des plantes[1].

Aristote, *Physique*, II, 4, 196 a 24 [DK 68 A 69].

1. La notion de hasard, lorsqu'elle traduit chez Démocrite le grec αὐτόματον, ou, dans la doxographie, τύχη, évoque essentiellement l'idée de spontanéité, c'est-à-dire l'absence d'une causalité intentionnelle et finale, comme celle d'un démiurge. On retrouvera cet usage chez Platon (*Sophiste*, 265 c; *Lois*, X, 889 b-c; XII, 966 e). Le hasard ne signifie donc pas la succession irrationnelle d'événements sans rapports les uns avec les autres : il y a une nécessité mécanique dans la spontanéité des phénomènes naturels, même si aucune raison, aucun intellect divin n'y préside. La critique d'Aristote découle de sa propre conception du hasard et de la fortune qui ne sont pas selon lui pure absence de finalité, mais des accidents, des déterminations secondes de la cause finale dans le monde sublunaire (voir *Physique*, II, 5, 197 a 33).

L'étiologie démocritéenne s'attache à montrer l'unité et l'économie de ce principe tout en spécifiant les diverses conditions de son application (en zoologie, en embryologie, en botanique, etc.). Que l'on considère par exemple les diverses enquêtes causales mentionnées dans le catalogue de Thrasylle (voir n° 17). C'est peut-être cette articulation d'une étiologie générale et d'une étiologie différenciée qui suscite ici l'étonnement d'Aristote. En outre, celui-ci fait vraisemblablement allusion à d'autres théories que la seule théorie atomiste, lorsqu'il évoque « l'esprit (on pensera plutôt à Anaxagore) ou quelque autre chose ».

LE TEMPS

N° 69. Ils disent que [le temps] est inengendré, et c'est par là que Démocrite démontre qu'il est impossible que tout soit engendré, puisque le temps ne l'est pas.

Aristote, *Physique*, VIII, 1, 251 b 16 [DK 68 A 71].

N° 70. Il semble que c'est aussi aux physiciens adeptes d'Épicure et de Démocrite qu'il faut faire remonter cette conception du temps : « Le temps est une apparence qui se présente sous l'aspect du jour et de la nuit[1]. »

Sextus Empiricus, *Contre les mathématiciens*, X, 181 [DK 68 A 72].

N° 71. Démocrite était à ce degré persuadé que le temps est éternel, que, voulant montrer que toutes les choses ne sont pas engendrées, il se servit du fait évident que le temps ne l'a pas été.

Simplicius, *Commentaire sur la Physique d'Aristote*, 1153, 22 [DK 68 A 71].

1. Épicure s'exprimera de manière analogue dans la *Lettre à Hérodote*, § 72-73.

ASTRONOMIE

N° 72. La grande année de Démocrite se compose de quatre-vingt-deux ans et de vingt-huit mois intercalaires.

Censorinus, *Du jour de la naissance*, 18, 8 [DK 68 B 12].

N° 73. Ni Anaxagore, ni Démocrite dans *Le grand ordre du Monde*, ne croit que les astres soient des êtres animés.

Achille Tatius, *Isagogée*, I, 13 [DK 67 B 1].

N° 74. Les astres [dit Démocrite] sont constitués de pierres.

Aétius, II, 13, 4 [DK 68 A 85].

N° 75. Démocrite assigne le premier rang aux étoiles fixes, après lesquelles viennent les planètes qui sont suivies du soleil, de Vénus et de la lune.

Aétius, II, 15, 3 [DK 68 A 86].

N° 76. Démocrite dit que le soleil c'est du fer incandescent[1] ou une pierre enflammée.

Aétius, II, 20, 7 [DK 68 A 87].

1. Ou : « une masse incandescente. »

N° 77. D'aucuns regardent le soleil comme Zeus… et les exhalaisons humides comme l'ambroisie dont il se nourrit, ce que Démocrite aussi croit.

Eusthate, *Commentaire sur l'Odyssée*, 12, v. 62 [DK 68 B 25].

N° 78. Démocrite dit que le solstice du soleil s'explique par son orbite circulaire.

Aétius, II, 23, 7 [DK 68 A 89].

N° 79. Quand la lune se trouve directement en face du soleil, dit Démocrite, elle en est éclairée, de sorte qu'elle brille par elle-même et fait parvenir jusqu'à nous la lumière solaire.

Plutarque, *De la face visible de la lune*, 16, 929 C [DK 68 A 89a].

N° 80. Démocrite dit que l'ombre dans la lune est due à certaines parties élevées de sa surface, car elle contient des montagnes et des vallées.

Aétius, II, 25, 9 [DK 68 A 90].

N° 81. Il paraît tout d'abord possible que les choses se passent comme le suppose la conception sublime de Démocrite : plus les astres sont voisins de la terre, moins vite ils sont entraînés par le tourbillon du ciel, car plus celui-ci descend, plus la vitesse de son mouvement se ralentit et sa force impétueuse diminue ; c'est pourquoi le soleil avec les astres qui le suivent demeure peu à peu en arrière, il est en effet bien au-dessus des astres brûlants.

La lune reste encore plus en arrière, parce que, son cours étant plus bas, plus éloigné du ciel et plus près de la terre, elle peut encore moins rivaliser [de vitesse] avec les étoiles. Et plus le tourbillon qui l'entraîne se ralentit, étant donné qu'elle est plus bas que le soleil, plus facilement peuvent les étoiles qui l'entourent l'atteindre et la dépasser. Elle paraît ainsi rejoindre plus rapidement chacune de ces étoiles, parce que ce sont ces dernières qui reviennent vers elle.

Lucrèce, *De la nature*, V, 621-636 [DK 68 A 88].

N° 82. Anaxagore et Démocrite disent que la voie lactée est formée de la lumière de certaines étoiles. Car le soleil qui, pendant la nuit, continue sa route au-dessous de la terre, éclaire les étoiles qui se trouvent au-dessus de cette dernière ; leur propre lumière devient ainsi invisible, arrêtée qu'elle est par les rayons du soleil. Mais les étoiles voilées par l'ombre de la terre, qui empêche qu'elles soient éclairées par la lumière solaire, font voir leur lumière propre, et c'est celle-ci qui forme la voie lactée.

Alexandre d'Aphrodise,
Commentaire sur les Météorologiques d'Aristote,
37, 23 [DK 68 A 91].

N° 83. Démocrite dit que la voie lactée est un foyer lumineux d'innombrables étoiles, petites et contiguës, qui s'éclairent mutuellement par suite de leur groupement compact.

Aétius, III, 1, 6 [DK 68 A 91].

N° 84. D'autres affirment que la voie lactée est constituée d'étoiles très petites et serrées qui, à cause de la distance du ciel à la terre, nous paraissent former une masse unie, comme le ferait une surface saupoudrée d'innombrables grains de sel fin.

Achille Tatius, *Isagogée*, 24 [DK 68 A 91].

N° 85. Anaxagore et Démocrite disent que l'astre appelé comète est une « apparition simultanée » des planètes. Celles-ci sont : Saturne, Jupiter, Vénus, Mars et Mercure. Quand elles se rapprochent les unes des autres, elles semblent se toucher et former une seule étoile, qui est appelée comète. Il appelle en effet « apparition simultanée d'étoiles » l'image que produit leur rencontre dans un même lieu et qu'on dirait celle d'une seule étoile.

Alexandre d'Aphrodise,
Commentaire sur les Météorologiques d'Aristote,
26, 11 [DK 68 A 92].

N° 86. Démocrite, le plus pénétrant des philosophes anciens, soupçonne qu'il y a beaucoup plus de planètes que celles que nous voyons parcourir le ciel, mais il n'en a ni fixé le nombre ni donné le nom, et il n'y avait même pas alors d'explication des courses des cinq planètes.

Sénèque, *Questions naturelles*, VII, 3, 2 [DK 68 A 92].

MATHÉMATIQUES

N° 87. Vois donc encore comment Chrysippe a répondu à Démocrite qui soulevait, en physicien et de manière pertinente, la difficulté suivante : si un cône est coupé par un plan qui est parallèle à sa base, comment faut-il se représenter les surfaces de ces sections ? Sont-elles égales ou inégales ? Si elles sont inégales, elles rendront le cône irrégulier, étant donné qu'il reçoit plusieurs entailles, sous formes de gradins, et des aspérités. Si, par contre, elles sont égales, les sections le seront aussi entre elles, et le cône aura manifestement l'apparence d'un cylindre, c'est-à-dire qu'il se composera de cercles égaux et non pas inégaux, ce qui est tout à fait absurde[1].

Plutarque, *Des notions communes contre les stoïciens*, 39, 1079 E [DK 68 B 155].

1. Démocrite a écrit plusieurs traités de mathématiques (voir n° 17) et Archimède, dans le texte suivant, lui rend hommage pour avoir compris, bien que sans démonstration, comment calculer le volume du cône et de la pyramide à base triangulaire. Notre auteur ne pouvait donc pas ignorer la « crise » provoquée dans les mathématiques grecques par la découverte de l'incommensurabilité. Ce texte signifie-t-il que l'hypothèse des indivisibles est irrecevable en géométrie ? Les deux cas de figure, un cône entaillé et un cône devenu cylindre, ne sont toutefois pas sur le même plan. Seul le second est dit « tout à fait absurde ».

N° 88. En ce qui concerne les théorèmes relatifs au cône et à la pyramide, dont Eudoxe a, le premier, trouvé la démonstration, notamment que le cône est le tiers du cylindre, et la pyramide le tiers du prisme ayant même base et même hauteur, l'on doit en attribuer une bonne part à Démocrite qui, le premier, a formulé l'énoncé concernant ces figures sans en donner une démonstration.

Archimède,
Méthode des théorèmes mathématiques à Ératosthène,
II, 430, 1-9 [DK 68 B 155, note].

D'autre part, si Démocrite était continuiste en mathématiques alors qu'il conçoit la matière comme discontinue, le paradoxe serait considérable et les polémiques antiques ne manqueraient pas de le signaler. La première option est donc la bonne (de fait, un cône n'est pas un cylindre) et n'invalide pas l'hypothèse des indivisibles en géométrie : elle correspond sans doute aux méthodes d'approximation, de quadrature du cercle, de cubature de la sphère, utilisées pour pallier les difficultés posées par le problème du continu (voir Antiphon, DK 87 B 13). La signification du fragment est donc probablement la suivante : le cône paraît lisse aux sens, mais pour le jugement avisé de la raison, il est marqué d'entailles et d'aspérités (voir le n° 171).

PROBLÈMES PHYSIQUES

N° 89. En ce qui concerne tous ces faits [flottement à la surface de l'eau de petites plaques d'airain et de plomb], il n'est pas juste de considérer comme cause celle qu'indique Démocrite. Celui-ci dit, en effet, que les corps chauds qui montent de l'eau exercent une pression sur les objets larges et plats doués de pesanteur, tandis que les objets à petites surfaces tombent sur le fond, car les forces de pression ont peu d'action sur eux. Or, ces forces devraient s'exercer d'une façon plus marquée dans l'air, comme il l'objecte lui-même. Mais tout en faisant cette objection, il y répond d'une manière bien faible. Il dit notamment que la poussée n'est pas dirigée vers un point unique, et il entend par poussée le mouvement des corps de bas en haut.

Aristote, *Traité du ciel*, IV, 6, 313 a 21 [DK 68 A 62].

N° 90. On se trouve embarrassé au sujet du fait suivant : pourquoi la flamme a-t-elle une forme pyramidale ? Et Démocrite répond que lorsque ses parties extrêmes se sont refroidies, elle se resserre dans un petit espace et s'amincit par le bout.

Théophraste, *Du feu*, 52 [DK 68 A 73].

N° 91. Démocrite affirme lui aussi qu'il y a des émanations, que le semblable se porte vers le semblable, et, en outre, que toutes les choses se meuvent vers le vide. Après avoir fait ces suppositions, il soutenait que l'aimant et le fer sont constitués d'atomes semblables, mais que ceux de l'aimant[1] sont plus fins ; il est moins dense et possède plus d'interstices vides que le fer. Ses atomes, étant à cause de cela plus mobiles, se déplacent plus aisément vers le fer (car le mouvement se fait toujours vers le semblable). En pénétrant dans les pores du fer ils mettent en mouvement ses corpuscules en se glissant à travers eux grâce à leur finesse, tandis que les atomes du fer se répandent au dehors et s'écoulent sous forme d'émanations vers l'aimant, parce qu'il est d'une nature semblable et qu'il contient plus de vide. Par suite de leur émanation abondante[2] et de leur mouvement, le fer est lui-même entraîné vers l'aimant, lequel ne se meut pas vers le fer, car ce dernier ne contient pas autant d'interstices vides que le premier[3].

Alexandre d'Aphrodise, *Problèmes*,
II, 23 [DK 68 A 165].

1. Ou « de la pierre ».
2. Ou « compacte ».
3. On comparera ce texte au fragment cité par Sextus Empiricus au n° 126. Dans le texte d'Alexandre, ce n'est pas directement la forme des atomes, ni la direction du mouvement, mais la densité des composés qui provoque le rassemblement des semblables. Ce principe, fondamental chez Leucippe et Démocrite, s'applique donc par l'intermédiaire d'une pluralité de facteurs, dès lors qu'il s'agit de composés.

GÉOGRAPHIE PHYSIQUE

N° 92. Démocrite, homme fort expérimenté, s'était le premier rendu compte que la terre a une forme oblongue et que sa longueur est une fois et demie plus grande que sa largeur.

Agathéméros, *Géographie*, I, 1-2 [DK 68 B 15].

N° 93. Démocrite affirme que la terre est un large disque creusé dans son milieu.

Aétius, III, 10, 5 [DK 68 A 94].

N° 94. À l'origine, dit Démocrite, la terre était errante à cause de sa petitesse et de sa légèreté, mais, devenue avec le temps plus dense et plus pesante, elle s'est fixée.

Aétius, III, 13, 4 [DK 68 A 95].

N° 95. Démocrite soutient que l'air qui entoure la terre est au midi de plus faible consistance, ce qui fait qu'elle s'accroît de ce côté et s'y incline. Les parties situées au nord sont très froides, tandis que celles situées au midi sont tempérées. C'est pourquoi la terre penche de ce dernier côté, où la végétation et les fruits sont abondants.

Aétius, III, 12, 2 [DK 68 A 96].

N° 96. Le tonnerre a pour cause la formation d'un complexe d'éléments divers qui contraint le nuage qui l'enveloppe à se diriger vers le bas. L'éclair est dû à une collision entre nuages, qui fait que les atomes de feu, après s'être frottés les uns contre les autres et rassemblés en un même lieu, filtrent à travers les interstices vides. La foudre se produit lorsque des atomes de feu plus purs, plus fins, plus réguliers et plus serrés, comme lui-même l'écrit, les uns contre les autres se frayent un passage. L'ouragan a lieu lorsque des complexes d'atomes de feu moins serrés, enfermés dans des lieux vides et formant avec des substances mélangées des corps entourés d'enveloppes propres, se précipitent vers les profondeurs.

Aétius, III, 3, 11 [DK 68 A 93].

N° 97. Démocrite dit que le vent se forme quand, dans un vide étroit, se trouvent réunis un grand nombre de corpuscules qu'il appelle atomes. Au contraire, l'air est calme et paisible lorsque, dans un vide considérable, les corpuscules sont en petit nombre. Car, de même que, dans une place ou dans une rue, on avance sans embarras tant qu'il y a peu de monde et qu'on est, par contre, gêné lorsque les gens se pressent dans un espace étroit où ils tombent les uns sur les autres et se querellent, de même, dans l'atmosphère qui nous environne, quand un nombre considérable de corpuscules remplit un espace étroit, il est inévitable qu'ils se rencontrent, se poussent et se repoussent, s'entrelacent et se resserrent. Et le vent se produit lorsque les corpuscules, après avoir lutté les uns contre les autres et occupé une position instable, se précipitent et s'inclinent. Mais quand un petit nombre de corps se trouvent dans un large espace libre, il ne peut y avoir ni heurts ni poussées.

Sénèque, *Questions naturelles*, V, 2 [DK 68 A 93a].

N° 98. Quand la terre est pleine d'eau, dit Démocrite, et qu'elle reçoit en outre une grande quantité d'eau pluviale, elle est agitée par cette dernière. Et lorsque l'eau devient surabondante, parce que les cavités de la terre ne peuvent la recevoir, elle produit, quand elle est refoulée, le tremblement de terre. Mais la terre desséchée attire les eaux des lieux où elles abondent vers ceux qui sont vides, et ces eaux qui changent de place produisent par leur irruption une secousse.

Aristote, *Météorologiques*, II, 7, 365 a 1 [DK 68 A 97].

N° 99. Démocrite suppose plusieurs causes pour les secousses terrestres. Celles-ci, dit-il, sont dues à l'action de l'air ou à celle de l'eau ou aux deux éléments à la fois, et il poursuit ainsi : « Une certaine partie de la terre étant creuse, de grandes masses d'eau s'y jettent, et de ces eaux les unes sont plus légères et plus fluides que les autres. S'il arrive qu'un corps pesant y tombe, ces eaux sont repoussées, elles heurtent la terre et l'ébranlent, car la fluctuation ne peut avoir lieu sans le mouvement du corps frappé[1]… Lorsque l'eau est accumulée dans un lieu trop étroit pour la contenir, elle exerce une pression dans un certain sens et s'ouvre une voie par son poids et par son mouvement impétueux. Car, après avoir été longtemps enfermée, elle ne peut sortir que par une pente, ni tomber directement sans ébranler les parties de la terre à travers lesquelles ou sur lesquelles elle roule.

Mais si, après avoir déjà commencé à rouler, un obstacle l'arrête quelque part et la force à se replier, elle reflue vers la terre et l'ébranle à l'endroit où elle s'accumule le plus. En outre, quand la terre est imbibée

1. Ou encore : « la fluctuation ne peut se produire sans provoquer le mouvement de ce contre quoi elle vient frapper. »

des liquides qu'elle a reçus dans son sein, elle s'affaisse profondément et sa base même est altérée : une pression plus forte s'exerce alors sur le côté où le poids des eaux se fait sentir le plus. Parfois c'est le vent qui pousse les eaux, et s'il souffle avec violence, il ébranle la partie de la terre contre laquelle il lance les ondes amoncelées. Quelquefois, quand il circule dans les canaux intérieurs de la terre et cherche une issue, il produit une secousse générale ; car la terre est perméable au vent, qui est trop subtil pour qu'elle puisse l'exclure de son sein, et trop puissant pour qu'elle puisse résister à son agitation et à sa rapidité. »

Sénèque, *Questions naturelles*, VI, 20 [DK 68 A 98].

N° 100. [À propos de la crue du Nil], Démocrite dit que, lorsque dans les régions du Nord la neige fond et se dissout au solstice d'été, ses vapeurs se condensent en nuages. Or, ces nuages étant poussés par les vents étésiens vers le Midi et l'Égypte déterminent des pluies torrentielles qui font déborder les marais et le fleuve du Nil.

Aétius, IV, 1, 4 [DK 68 A 99].

N° 101[1]. Il existe manifestement une grande divergence d'opinion au sujet de l'origine de la salure. Les uns affirment qu'elle est le résidu de l'humidité primordiale, après que la plupart des masses d'eau se sont évaporées. Les autres soutiennent qu'elle est une sécrétion de la terre. Démocrite paraît également partager l'avis de ceux qui disent qu'elle a son origine dans la terre. Elle proviendrait des blocs de sel et du salpêtre… *.

1. Il s'agit probablement d'un fragment du traité *De l'eau* de Théophraste.

Lorsque des masses en putréfaction se sont déposées partout, une séparation, dit-il, commence à s'opérer dans l'humide et le semblable se rapproche du semblable, comme cela arrive dans tout l'univers, et c'est de cette façon que la mer et toutes les autres matières salées sont produites, les substances de même espèce se combinant les unes avec les autres. Que la mer est composée d'éléments homogènes, on peut le constater encore par d'autres faits. Car, ni l'encens, ni le soufre, ni le silphium, ni l'alun, ni le bitume, ni aucune des choses considérables et prodigieuses ne se forment en beaucoup d'endroits de la terre. Par là il est facile de voir, même s'il n'y avait pas d'autre raison, pourquoi, en considérant la mer comme une partie du monde, il dit qu'elle se forme de la même manière que les choses les plus merveilleuses et les plus surprenantes de la nature, parce qu'il n'y a pas de grandes différences dans la terre. Car, après avoir dit que les saveurs sont produites par les atomes[1], et la qualité saline par les atomes gros et anguleux, il n'est pas déraisonnable de supposer que la salure se forme dans la terre de la même manière que dans la mer.

Papyrus d'Hibeh, 16, 62 [DK 68 A 99a].

N° 102. En ce qui concerne la salinité de l'eau de mer, il s'agit de savoir, si elle reste toujours la même, si elle a existé dans le passé, si elle existera dans l'avenir ou si elle disparaîtra ; c'est ainsi en effet que pensent quelques philosophes. Mais tous semblent être unanimes sur un point, c'est qu'elle s'est formée comme s'est formé

* Lacune dans le texte.

1. Ou : « par les figures <des atomes>. » Voir le n° 137, § 65-67.

tout l'univers[1], et elle s'est formée, disent-ils, en même temps que lui, d'où il résulte que, si l'univers est éternel, la mer devra l'être également. Si l'on dit, comme le fait Démocrite, qu'elle diminue d'étendue et qu'à la fin elle disparaîtra, une telle affirmation ne diffère manifestement en rien de la fable d'Ésope*. Celui-ci raconte que Charybde, ayant avalé l'eau deux fois, mit à nu les montagnes, et lorsqu'elle en eut avalé encore une fois, ce furent les îles qui apparurent, et quand elle en absorbera pour la dernière fois, toute la mer sera desséchée. Ésope, irrité contre le batelier, pouvait raconter une telle fable, mais cela ne sied pas du tout à ceux qui cherchent la vérité.

Qu'à l'origine sa durée stable ait été due à une cause inconnue ou à la pesanteur, comme certains d'entre ces philosophes l'affirment, il est évident qu'elle doit, pour la même raison, continuer à durer nécessairement pour le reste du temps.

Aristote, *Météorologiques*, II, 3, 356 b 4 [DK 68 A 100].

N° 103. Démocrite affirmait que le feu est incorporel, non pas absolument (car aucun d'eux n'a dit cela), mais par rapport aux autres corps dont il est le plus subtil[2].

Jean Philopon,
Commentaire sur le Traité de l'âme d'Aristote,
83, 27 [DK 68 A 101].

* Voir Ésope, fable 19 (éd. Halm).

1. Ou : « elle a été engendrée puisque l'univers tout entier l'a été. »
2. Il s'agit ici d'expliquer l'animation. Voir les n°s 149-159.

CONCEPTIONS BIOLOGIQUES

N° 104. Démocrite semble admettre que les hommes ont originairement pris naissance dans l'eau et le limon.

Censorinus, *Du jour de la naissance*, IV, 9 [DK 68 A 139] [1].

N° 105. Démocrite supposait que les hommes sont sortis de terre, à la manière des vermisseaux, sans avoir été créés et sans raison spéciale.

Lactance, *Institutions divines*, VII, 7, 9 [DK 68 A 139] [2].

N° 106. L'accouplement est un étourdissement* de courte durée, car un homme sort impétueusement d'un homme en se détachant de lui d'un seul coup.

Stobée, *Florilège*, III, 6, 28 [DK 68 B 32].

* Dans d'autres textes on lit *épilepsie*.

1. Censorinus compose ce traité en 238 après J.-C.
2. Lactance est un écrivain chrétien du IIIe siècle. Il dénonce la conception démocritéenne de l'homme autochtone à laquelle il oppose les positions stoïcienne et chrétienne.

N° 107. Démocrite dit que le sperme est composé de tous les éléments et, surtout, des parties principales, telles que les os, les chairs et les veines[1].

Aétius, V, 3, 6 [DK 68 A 141].

N° 108. Épicure et Démocrite pensent que les femelles aussi éjaculent du sperme, étant donné qu'elles possèdent des conduites séminales placées en sens inverse. C'est pour cela qu'elles aussi éprouvent des désirs.

Aétius, V, 5, 1 [DK 68 A 142].

N° 109. C'est le nombril qui se forme en premier lieu dans le sein de la mère ; c'est, comme le dit Démocrite, un ancrage contre toute agitation et tout déplacement ; c'est la queue, la tige du fruit qui se forme et qui naîtra un jour.

Plutarque, *De l'amour envers les enfants*, III, 495 E [DK 68 B 148].

N° 110. Les vaisseaux sanguins s'attachent à la matrice comme les racines des plantes, et le fœtus reçoit par eux sa nourriture. C'est pour cela que l'animal reste dans la matrice et non pas, comme le dit Démocrite, pour que ses parties se modèlent sur les parties de la mère.

Aristote, *Génération des animaux*, II, 4, 740 a 33 [DK 68 A 144].

N° 111. Démocrite et Épicure soutiennent que l'embryon se nourrit par la bouche dans le sein de sa mère. C'est pourquoi, dès qu'il est né, il porte sa bouche vers la

1. « les veines » : ou peut-être « les muscles »

mamelle, car dans le sein de la mère se trouvent aussi des espèces de mamelles où il suce sa nourriture.

Aétius, V, 16, 1 [DK 68 A 144].

N° 112. Ceux qui affirment, comme Démocrite, que ce sont d'abord les parties extérieures de l'animal qui se différencient, puis les parties intérieures, ne raisonnent pas juste[1] comme s'il s'agissait d'animaux de bois ou de pierre. De tels animaux en effet, n'ont absolument aucun principe alors que les vivants en ont tous un qui leur est intérieur.

Aristote, *Génération des animaux*, II, 4, 740 a 13 [DK 68 A 145].

N° 113. Démocrite d'Abdère dit que c'est dans le ventre de la mère qu'a lieu la différenciation des sexes. Ce n'est cependant pas à cause de la chaleur ou du froid que l'embryon devient femelle ou mâle, mais par suite de la prédominance du sperme de l'un ou de l'autre conjoint, de cette partie notamment qui détermine la différence entre la femelle et le mâle.

Aristote, *Génération des animaux*, IV, 1, 764 a 6 [DK 68 A 143].

1. C'est pour Aristote parce que chaque être vivant possède en lui un principe final que la génération peut être expliquée. Il y a donc des parties premières, internes à l'organisme qui préexistent nécessairement à celles qui dépendent d'elles, ainsi le cœur chez les animaux sanguins.

On retrouve la même image des formes statufiées, contre Démocrite, dans les *Parties des animaux*, I, 1, 640 b 35 : une main de pierre ou de bronze n'est une main que par homonymie, comme celle d'un cadavre, car elle ne peut remplir sa fonction, celle-ci étant définie par rapport à l'organisation d'ensemble du vivant. Démocrite a le tort, aux yeux d'Aristote, de réduire les êtres vivants à des figures sans en expliquer la génération, faute de considérer la cause finale.

N° 114. Les parties communes sont engendrées par les deux conjoints au hasard, les particularités sexuelles, par contre, sont dues à la prédominance de l'un ou de l'autre[1].

Aétius, V, 7, 6 [DK 68 A 143].

N° 115. Démocrite dit que les passages génitaux[2] des mules s'atrophient dans la matrice, parce qu'elles ne sont pas originairement engendrées par des animaux de même espèce.

Aristote, *Génération des animaux*, II, 8, 747 a 29 [DK 68 A 149].

N° 116. Démocrite dit que la formation des monstres est due à la rencontre de deux émissions de fluide séminal, la première étant suivie de très près par la seconde. Celle-ci, en pénétrant dans l'utérus, se déverse sur la première, de sorte que leurs parties se développent ensemble et s'entremêlent.

Aristote, *Génération des animaux*, IV, 4, 769 b 30 [DK 68 A 146].

N° 117. Démocrite aussi a traité de ces questions, mais de manière erronée. En effet, sans avoir examiné tous les faits, il en donne une explication générale. Démocrite dit que les dents de lait tombent parce qu'elles se forment trop tôt chez les animaux, mais quand ceux-ci sont dans toute leur force, les dents aussi se raffermissent.

1. Ce qui, dans la formation de l'embryon, n'est pas dû au hasard résulte donc d'une nécessité mécanique : la force dominante (ἐπικράτεια) du mâle ou de la femelle.

2. C'est-à-dire les canaux par lesquels s'écoule la semence.

C'est la succion qui est cause que les dents poussent prématurément[1].

Aristote, *Génération des animaux*,
V, 8, 788 b 9 [DK 68 A 147].

N° 118. Démocrite affirme que la respiration chez les êtres vivants a pour effet d'empêcher que l'âme ne soit expulsée du corps ; il ne dit cependant pas que c'est en vue de cela que la nature agit ainsi, car, de même que les autres physiciens, lui aussi n'arrive pas à en trouver la cause. Il affirme que l'âme et le chaud sont la même chose : ce sont les formes primordiales parmi les atomes sphériques. Lorsque ces formes sont comprimées par l'air ambiant qui les pousse dehors, la respiration, dit-il, leur porte secours. Car il y en a dans l'air un grand nombre qu'il appelle esprit et âme. Quand donc nous respirons et que l'air pénètre en nous, ces formes pénètrent avec lui, s'opposent à la poussée vers le dehors et empêchent l'âme, qui réside dans les êtres vivants, de sortir.

C'est ce qui explique pourquoi la vie et la mort sont liées à la respiration et à l'expiration. Lorsque, en effet, l'air ambiant comprime les formes fortement et que l'air

1. Aristote, dans la page où figure ce témoignage, adresse à Démocrite un double reproche. Premièrement, cette explication ne vaut pas pour tous les animaux, certains ne perdant pas leurs dents, même s'ils tètent (comme le lion ou le cochon). Deuxièmement, la présence d'une première dentition due à la succion serait purement accidentelle et contraire au principe téléologique selon lequel la nature ne fait rien en vain (voir 788 b 21). Aristote dit que, selon Démocrite, les dents poussent « par force » (788 b 28). Or, ce qui se fait « par force » est « contre nature » (788 b 27). Aristote attaque donc le mécanisme de l'Abdéritain (c'est en vertu de ce même principe, nous l'avons vu, que la tradition péripatéticienne reproche à Démocrite de n'avoir pas su expliquer le mouvement naturel des atomes, le choc qui le provoque ne pouvant être qu'un mouvement violent ou forcé).

qui pénètre [dans le corps] n'arrive pas à les refouler, les êtres vivants, ne pouvant respirer, meurent. Car la mort arrive lorsque ces formes quittent le corps par suite de la compression exercée par l'air ambiant[1].

Aristote, *De la respiration*, 4, 471 b 30 [DK 68 A 106].

N° 119. Démocrite dit que le sommeil est dû à l'insuffisance de souffle vital.

Tertullien, *De l'âme*, 43 [DK 68 A 136].

N° 120. Il s'agit de savoir [dit Démocrite] comment un mort peut renaître. Dans un cas pareil, la mort n'était pas une extinction de toute la force vitale du corps, mais [une syncope] survenue à la suite d'un coup ou d'une blessure. Les attaches de l'âme sont encore restées enracinées dans la moelle, et le cœur conservait encore dans son intérieur l'étincelle de la vie. Par suite de cette persistance, le corps gardait la faculté d'être ranimé et de revenir à la vie.

Proclus, *Commentaire sur la République de Platon*, II, 113, 6 [DK 68 B 1].

N° 121. Aucun des animaux privés de sang ne possède de viscères. Démocrite semble ne pas avoir raisonné correctement là-dessus quand il croyait que c'est à cause de la petitesse des animaux privés de sang que leurs viscères restent invisibles[2].

Aristote, *Parties des animaux*, III, 4, 665 a 30 [DK 68 A 148].

1. Ce texte est à verser au dossier de la conception démocritéenne de l'âme (textes n°s 149-159).

2. Comparer avec Lucrèce, IV, v. 114-120.

N° 122. Les araignées peuvent, aussitôt qu'elles sont nées, sécréter du fil, non pas de l'intérieur, à la façon d'excréments, comme le dit Démocrite, mais du corps même, comme le fait l'écorce, ou comme le font les animaux qui hérissent leurs poils, tel que le hérisson.

Pseudo-Aristote, *Histoire des animaux*,
IX, 39, 623 a 30 [DK 68 A 150].

N° 123. La chouette… est l'animal qui est capable de voir avec le plus d'acuité pendant la nuit. Démocrite affirme que, de tous les animaux à ongles crochus et carnivores, c'est le seul dont les petits ne naissent pas aveugles, parce qu'ils ont beaucoup de chaleur et de feu dans les yeux, lequel, étant très éclatant et vif, disperse et brouille la vision [pendant le jour]. C'est à cause de ce feu dans les yeux qu'elle voit dans la nuit obscure.

Etymologicum genuinum,
article « Chouette » [DK 68 A 157][1].

N° 124. Démocrite explique en termes excellents pourquoi les coqs chantent avant le jour. Lorsque la nourriture bien digérée s'est répandue de l'estomac dans tout leur corps, les coqs, saturés de repos, se mettent à chanter.

Cicéron, *De la divination*, II, 26, 57 [DK 68 A 158].

N° 125. Démocrite disait que ce n'est pas de l'eau salée que se nourrissent les poissons, mais de l'eau douce contenue dans la mer.

Élien, *Histoire des animaux*, IX, 64 [DK 68 A 155 a].

1. Il s'agit d'un dictionnaire byzantin de la fin du Xe siècle.

N° 126[1]. Tous les êtres se groupent ensemble selon leur espèce, comme, par exemple, les pigeons avec les pigeons, les grues avec les grues, et il en est ainsi de tous les autres animaux dépourvus de raison. Ceci se produit également parmi les choses inanimées, comme le montrent les semences passées au crible ou les cailloux agités par les vagues[2]. Là, par suite du tournoiement du crible[3], se groupent séparément les lentilles avec les lentilles, les grains d'orge avec les grains d'orge, les grains de blé avec les grains de blé ; ici, par contre, les flots impétueux poussent les cailloux allongés d'un côté, les cailloux ronds d'un autre, comme si la ressemblance entre les objets exerçait sur eux une certaine force d'union.

Sextus Empiricus, *Contre les mathématiciens*, VII, 117-118 [DK 68 B 164].

1. Ce texte se situe, chez Sextus Empiricus, dans un chapitre consacré au critère de la vérité et dans un sous-chapitre intitulé « De la vérité » (VII, 38) où sont énumérées plusieurs conceptions du critère de la vérité. Sextus veut montrer par ce texte que, pour Démocrite (comme aussi pour Empédocle), le critère de la vérité est l'appréhension du semblable par le semblable (voir le n° 136 et le n° 137, § 49). Ce fragment peut donc prendre place dans le dossier de la théorie de la connaissance.

2. Littéralement : « le long des plages. »

3. Ces mouvements sont donc à l'image du tournoiement des atomes et notamment du tourbillon cosmogonique. Le texte témoigne d'une structure analogique dans le rapport entre le mouvement des atomes et le mouvement des composés.

LES QUALITÉS SENSIBLES

N° 127. « Convention que la couleur, convention que le doux, convention que l'amer ; en réalité il n'y a que des atomes et du vide », dit Démocrite, qui pense que c'est de la réunion des atomes que toutes les qualités sensibles naissent, en quelque sorte, pour nous qui les percevons. Car, par nature, il n'y a ni blanc, ni noir, ni jaune, ni rouge, ni amer, ni doux. Le terme « par convention » (νόμῳ) signifie pour lui la même chose que « selon la valeur conventionnelle » (νομιστί) et « par rapport à nous » (πρὸς ἡμᾶς), mais non pas selon la nature des choses elles-mêmes, qu'il désigne par le terme « en réalité » (ἐτεῇ) pour ἐτεόν, qui signifie « en vérité ». C'est lui qui a créé ce terme [ἐτεῇ]. Le sens général de ce langage est le suivant. Les hommes conviennent (νομίζεται) qu'il existe du blanc, du noir, du doux, de l'amer, et toutes les autres qualités du même genre, mais, en vérité, tout ce qui existe est constitué de « quelque chose » (δέν) et de « rien » (μηδέν). Il poursuivait en appelant les atomes « quelque chose » (δέν) et le vide « rien » (μηδέν).

Les atomes, étant par conséquent tous de petits corps, sont dépourvus de qualités, tandis que le vide est un certain espace où tous ces corps se déplacent, de toute éternité, dans tous les sens, ou bien ils s'enlacent mutuellement, en quelque manière, entrent en collision et rebondissent, se dispersent et s'unissent de nouveau en tels ou tels assemblages et produisent par là tous les autres composés, nos corps, leurs affections et leurs sensations. Les corps primordiaux sont supposés être impassibles (les uns, comme les adeptes d'Épicure, disent qu'ils sont invulnérables à cause de leur dureté, les autres, comme les adeptes de Leucippe, soutiennent qu'ils sont indivisibles à cause de leur petitesse), et ils ne peuvent, tant soit peu, subir ces modifications que tous les hommes, étant instruits par les sens, croient exister; de sorte qu'aucun atome, disent-ils[1], ne peut devenir chaud ou froid, ni non plus être sec ou humide, encore moins blanc ou noir, ni acquérir aucune autre qualité par aucun changement[2].

Galien, *Des éléments selon Hippocrate*, I, 2 [DK 68 A 49].

1. Les atomistes.

2. On notera dans ce texte plusieurs points communs avec le témoignage de Sextus Empiricus (voir le n° 171), que Galien précède d'une ou deux générations.

L'intention polémique de Galien dans ce passage justifie la référence à l'image sceptique de Démocrite. Il veut montrer, après Hippocrate, que les physiciens qui ne posent qu'un seul élément (en l'occurrence l'atome) doivent le déclarer impassible. Ce qui est absolument un ne peut être affecté car toute affection suppose la dissociation de parties. Ils ne peuvent donc expliquer ni la maladie (ce qui contredit l'expérience la plus naïve), ni la sensation. C'est pourquoi Démocrite, qui a au moins le mérite de la cohérence, dit que les qualités sensibles ne sont que croyances ou conventions. Aristote, dans le traité *De la génération et de la corruption*, adressait déjà aux Abdéritains des reproches analogues.

La démarche de Galien consiste donc ici à superposer atomisme et éléatisme (voir notre introduction, p. 11 *sq.*). Son intention sera différente dans le texte n° 170.

N° 128. Démocrite affirme que par nature[1] la couleur n'existe pas. Car les éléments sont privés de qualités, il n'y a que des particules compactes et le vide ; les composés qui en sont formés ont acquis la couleur grâce à l'ordre des éléments, à leur forme et à leur position*. En dehors d'eux il n'y a que des apparences. Celles de la couleur se présentent sous quatre espèces : blanc, noir, rouge, jaune.

Aétius, I, 15, 8 [DK 68 A 125].

N° 129. Démocrite dit que la couleur n'existe pas en soi, et que celle des objets est due au changement de position [des atomes].

Aristote, *Génération et corruption*, I, 2, 316 a 1 [DK 68 A 123].

N° 130. Démocrite affirme que le noir correspond au rude et le blanc au lisse, et il ramène les saveurs aux formes[2].

Aristote, *Du sens*, 442 b 10-12 [DK 68 A 126].

N° 131. Ce furent Leucippe et Démocrite qui, en juxtaposant des particules invisibles à cause de leur petitesse, composèrent la richesse des couleurs intermédiaires.

Alexandre d'Aphrodise, *Commentaire au traité Du sens d'Aristote*, 56, 14 [DK 67 A 29].

* τάξις, σχῆμα, θέσις, que l'auteur emploie comme équivalents des termes plus techniques : διατιγή, ῥυθμός, προτροπή.

1. « par nature » (φύσει), c'est-à-dire « en réalité ».

2. Ou « aux figures » qui sont celles des atomes. Voir l'ensemble du témoignage constitué par le n° 137.

N° 132. Démocrite, en coordonnant une forme[1] particulière à chaque saveur, dit que le doux est produit par la forme ronde et de grandeur bien proportionnée ; l'âcre est produit par la forme de grandes proportions, parsemée de pointes, anguleuse et non arrondie ; le piquant est produit, comme l'indique déjà le nom, par des formes pointues, anguleuses, recourbées, subtiles et non arrondies ; l'aigre est produit par la forme ronde, subtile, anguleuse et recourbée : le salé est produit par la forme anguleuse, qui est de grandeur bien proportionnée, oblique et isocèle ; l'amer est produit par la forme arrondie, qui a une courbure unie et qui est de petite grandeur ; le gras est produit par la forme subtile, ronde et petite.

Théophraste, *Causes des plantes*, VI, 1, 6 [DK 68 A 129].

N° 133. Pourquoi Démocrite, qui rattache les saveurs au sens gustatif, ne rattache-t-il pas également les odeurs et les couleurs aux sens correspondants ? D'après sa théorie des formes il aurait dû cependant le faire.

Théophraste, *Des odeurs*, 64 [DK 68 A 133].

N° 134. Du fait que le miel paraît aux uns amer, aux autres doux, Démocrite concluait qu'il n'est ni amer ni doux.

Sextus Empiricus, *Hypotyposes pyrrhoniennes*, II, 63 [DK 68 A 134].

N° 135. Épicure, Démocrite et les stoïciens disent que la voix est corporelle.

Scolie à Denys de Thrace, éd. Hilgard, *Grammatici Graeci*, 482, 13 [DK 68 A 127].

1. Ou « figure » (σχῆμα).

N° 136. Démocrite soutient que l'air se divise en corpuscules de même forme, qui sont emportés circulairement avec les parcelles de la voix. « *Le geai en effet se pose à côté du geai* et *Dieu conduit toujours le semblable vers le semblable* [Homère, *Od.*, XVII, 218]. Et en effet, sur les rivages, on voit les galets semblables aux mêmes endroits, d'un côté les sphériques, de l'autre les oblongs. Dans l'opération de criblage, également, les éléments de figures semblables se rassemblent au même endroit, de sorte que les fèves et les pois se séparent. Mais on pourrait leur objecter ceci : comment quelques éclats de souffle peuvent-ils remplir un théâtre de dix mille places ?[1] »

Aétius, IV, 19, 13 [DK 68 A 128].

N° 137. (49) Démocrite ne précise pas, au sujet de la perception sensorielle, si elle a lieu par les contraires ou par les semblables. En effet, s'il admet qu'elle est produite par l'altération[2], elle devrait avoir pour cause les différents, car le semblable ne peut pas être altéré par le semblable. Mais si, d'autre part, il attribue la perception

1. On comparera ce texte au n° 126.

2. « altération », c'est-à-dire changement de qualité (ἀλλοίωσις). Théophraste distingue, au début du *De sensibus*, deux grands groupes de positions théoriques sur la question du sens. Pour Parménide, Empédocle et Platon, la sensation est produite par les semblables, c'est-à-dire en vertu d'une certaine homogénéité ou d'une certaine harmonie entre le sentant et le senti. Pour Anaxagore et Héraclite, ou encore Alcméon, elle est le fait d'une contrariété. Démocrite tient donc, aux yeux de Théophraste, une position originale puisqu'il considère la sensation comme une altération du sentant, bien que ce dernier soit fondamentalement homogène au senti. Toutefois, comme on le verra à la lecture de ce témoignage, Démocrite insiste beaucoup plus sur l'homogénéité et l'harmonie dans le processus perceptif (voir déjà les nos 126 et 136).

sensorielle, et l'altération en général, à la passivité, celles-ci seraient produites par le semblable. En effet, il est impossible, dit-il, que des choses qui ne sont pas de même nature puissent s'influencer mutuellement, car, bien que différentes, elles agissent les unes sur les autres, non par ce qui les différencie, mais par ce qu'elles contiennent d'identique. Ce qu'il dit sur cette matière peut donc être entendu dans l'un ou l'autre sens. Puis il essaie d'expliquer chaque sens en particulier.

(50) La vision, d'après lui, se produit par l'image réfléchie (ἔμφασις). Sur celle-ci il a une opinion propre, car il est d'avis qu'elle ne se produit pas directement sur la pupille, mais que l'air entre l'œil et l'objet, étant resserré sous l'action de l'un et de l'autre, est marqué d'une empreinte[1]. De toute chose, en effet, émane constamment un certain effluve. Cet air, ayant pris ainsi une forme consistante et une couleur différente, se réfléchit dans les yeux humides. Car ce qui est dense ne lui donne pas accès, mais ce qui est humide le laisse pénétrer. C'est pourquoi les yeux humides ont une plus grande puissance visuelle que les yeux secs, à condition que la tunique

1. « est marqué d'une empreinte » traduit τυποῦσθαι. La vision, dans cette version détaillée de la théorie démocritéenne, n'est donc pas causée directement par l'afflux des simulacres (εἴδωλα) (comparer avec les n°s 138-141). Ceux-ci viennent s'imprimer dans l'air intermédiaire où ils rencontrent les effluves provenant de l'œil qui voit. Ce complexe phénoménal (on songe ici à la conception de la vision exposée par Platon dans le *Timée*, 45 c *sq.*, et le *Théétète*, 156 c *sq.*) vient ensuite se réfléchir sur l'organe sensible. Épicure confirme indirectement l'authenticité de cette théorie dans la *Lettre à Hérodote*, § 49 (texte n° D. 9 du dossier), défendant pour sa part la thèse de l'impression directe, et revenant ainsi à Leucippe contre Démocrite.

extérieure soit aussi mince et aussi dense que possible[1], que l'intérieur de l'œil soit très spongieux, que les veines dans les yeux soient droites, vides et humides, et, enfin, que le cerveau et ses méninges soient aptes à recevoir les effigies.

(51) Tout d'abord, la formation d'effigies[2] dans l'air est une chose absurde. Car tout ce qui reçoit une empreinte doit avoir une certaine consistance et ne pas se désagréger, comme il le dit lui-même en comparant une telle empreinte à celle que reçoit la cire. Puis il est encore plus possible que l'effigie se forme dans l'eau, d'autant que celle-ci est plus dense. Cependant, on y voit moins distinctement, bien qu'on devrait y voir mieux. Et étant donné qu'il admet généralement un effluve de la forme, comme il le fait dans son ouvrage *Sur les formes*, à quoi bon cette effigie ? Les simulacres font image par eux-mêmes[3].

(52) Mais en admettant que cela ait lieu, c'est-à-dire que l'air puisse être modelé comme la cire est pressée et condensée, de quelle façon alors l'image réfléchie se produit-elle et quelle en est la nature ? Il est évident que l'empreinte sera, comme partout ailleurs, de face avec l'objet. S'il en est ainsi, il est impossible que l'image réfléchie se présente à nous de face sans retournement de l'empreinte. Mais il faudrait montrer comment et par

1. Les lignes suivantes, jusqu'à la fin du paragraphe, telles qu'elles sont éditées par Diels-Kranz, peuvent être ainsi traduites : « [...] que les parties internes de l'œil soient très spongieuses et vides de chair dense et résistante, qu'elles soient pleines d'une humidité riche et grasse, et que les vaisseaux des yeux soient droits et secs de telle sorte qu'elles forment des figures semblables à ce qui est venu s'imprimer. »

2. C'est-à-dire « la formation d'empreintes » (ἀποτύπωσις).

3. Ou encore : « Ce sont en effet les simulacres eux-mêmes qui se réfléchissent (ἐμφαίνεται). »

quoi cela pourrait se produire, autrement la vision serait impossible. Quand, d'autre part, plusieurs objets sont vus au même endroit, comment peut-il y avoir dans le même air plusieurs empreintes ? Et puis, comment peut-on se voir réciproquement ? Les empreintes se rencontrent nécessairement l'une l'autre, chacune étant de face avec la personne dont elle émane. Ceci mériterait une recherche.

(53) En outre, pourquoi chacun ne se voit-il pas lui-même ? Car ses empreintes devraient se réfléchir aussi bien dans ses propres yeux que dans ceux de ses voisins, surtout si elles sont immédiatement de face et si l'effet est ici le même que pour l'écho. Il dit en effet que le son se réfléchit vers celui même qui l'émet. L'idée donc que l'air reçoit des empreintes se montre ainsi complètement absurde. Car il faudrait, d'après ce qu'il dit, que tous les corps en produisissent[1], [mais alors] beaucoup d'entre elles se croiseraient, ce qui empêcherait la vision, et n'est d'ailleurs nullement vraisemblable. Si, en outre, l'effigie persiste quand les corps ne sont plus visibles ni proches, nous devrions continuer à les voir, sinon de nuit, au moins de jour. Plus vraisemblablement les empreintes devraient persister pendant la nuit, où l'air est plus froid.

(54) Mais, peut-être est-ce le soleil qui produit l'image réfléchie en portant la lumière vers l'œil sous forme de rayons, comme Démocrite semble le croire, puisqu'il affirme que « le soleil condense l'air en le repoussant et en le chassant devant soi », ce qui est absurde ; sa caractéristique naturelle est plutôt de disperser. Il est également absurde d'attribuer cette sensation, non seulement aux yeux, mais encore au reste du corps. Il dit en effet que l'œil doit avoir de la vacuité et de l'humidité,

1. Littéralement : « que tous les corps viennent s'imprimer dans quelque chose. »

afin de mieux recevoir [les simulacres] et [les] transmettre au reste du corps. C'est encore absurde de dire que l'œil voit le mieux ce qui est conforme à sa nature, et que l'image réfléchie cependant est produite par des couleurs différentes, comme si les semblables ne pouvaient le faire. Il essaie enfin d'expliquer, mais sans y parvenir, comment on voit les grandeurs et les intervalles. (55) Ainsi, voulant éclaircir d'une façon particulière certains points de la vision, il en a laissé davantage à explorer.

Quant à l'audition[1], il l'explique de la même façon que les autres. L'air qui tombe dans le vide produit un mouvement, et bien qu'il pénètre de la même manière dans tout le corps, il entre surtout et en plus grande quantité dans les oreilles, parce qu'il y traverse le plus d'espace vide et n'y séjourne point. C'est pourquoi la sensation se produit en cet endroit seul et non dans le reste du corps. Une fois dedans, sa vitesse fait qu'il se répand, car le son résulte d'un air condensé entrant avec force. De même, par conséquent, qu'il explique la sensation qui, à l'extérieur, est produite par le toucher, de même il explique celle qui se produit à l'intérieur.

(56) Pour que l'ouïe soit très fine, il faut que la tunique extérieure soit dense, les petites veines vides, autant que possible sans liquide et bien percées, aussi bien dans le reste du corps qu'à la tête et vers les oreilles, que les os aussi soient épais, l'encéphale bien tempéré et ce qui l'environne aussi sec que possible. Le son pénètre ainsi en masse, parce qu'il trouve un vide considérable, sans liquide et bien percé, et il se propage rapidement et uniformément dans le corps sans être rejeté au dehors.

(57) Cette détermination peu claire lui est commune avec les autres. Mais il a en particulier d'absurde cette

1. Voir Aétius, texte n° 136.

opinion que le bruit pénètre par tout le corps, que, quand il entre par l'ouïe, il se répand dans tout l'organisme, comme si la sensation [auditive] appartenait à ce dernier et non à l'ouïe seulement[1]. En admettant même que le corps éprouve quelque effet en même temps que l'ouïe, il ne s'ensuivrait pas qu'il sente, car il éprouve toujours quelque chose en commun, non seulement avec les sensations, mais aussi avec l'âme[2]. Voilà comment Démocrite explique la vision et l'audition; en ce qui concerne les autres sens, il procède à peu près de la même manière que la plupart des philosophes.

(58) Quant à la pensée, il dit seulement qu'elle « se produit quand l'âme se trouve dans un tempérament bien proportionné » ; si l'on devient très chaud ou très froid, il y a dérangement de pensée[3]. Les anciens aussi pensaient justement que c'est à quelque cause de ce genre qu'est dû le dérangement d'esprit. Il devient par là manifeste qu'il attribue la pensée au tempérament du corps, ce qui pourrait paraître raisonnable chez quelqu'un qui dit que l'âme est corporelle. Telles sont à peu près les opinions sur la sensation et la pensée que l'on rencontre chez les auteurs anciens.

1. Théophraste, suivant en cela Aristote, accuse implicitement Démocrite de confondre le sensible propre et le sensible commun.

2. C'est-à-dire : « car il considère qu'il en va de même pour toutes les sensations, et pas seulement pour les sensations, mais aussi pour l'âme. »

3. La pensée (τὸ φρονεῖν) est donc le résultat de l'équilibre du tempérament ou mélange (ἡ κρῆσις), équilibre de température et de mouvement atomique (voir sur la nature de l'âme les n°s 149-159). La tranquillité de l'âme, fin de la vie morale, se définira en termes analogues (voir par exemple le n° 307).

(59) En ce qui regarde les objets sensibles, leur nature et les qualités propres à chacun, les autres auteurs les laissent de côté. Ils parlent bien de ce qui tombe sous le toucher, comme le lourd et le léger, le chaud et le froid, en affirmant par exemple que ce qui est dilaté et subtil est chaud, et que ce qui est dense et grossier est froid ; c'est la distinction que fait Anaxagore entre l'air et l'éther. Ils expliquent le lourd et le léger à peu près par les mêmes attributs et aussi par leurs tendances en haut ou en bas. Ils ajoutent que le son est un mouvement de l'air, l'odeur un certain effluve. Empédocle aussi a parlé des couleurs en affirmant que le blanc tient du feu et le noir de l'eau. Les autres auteurs se contentaient de dire seulement que le blanc et le noir sont les couleurs fondamentales et que les autres résultent du mélange de celles-là. Anaxagore de même en a parlé d'une façon superficielle.

(60) Démocrite et Platon sont ceux qui ont le plus approfondi la question, car ils ont déterminé chaque sens à part, avec cette différence que le dernier ne prive pas les qualités sensibles de leur réalité objective[1], tandis que Démocrite les réduit toutes à des affections des sens. Lequel des deux a raison, nous n'avons pas à le discuter. Essayons seulement d'exposer jusqu'où chacun d'eux a poussé la recherche et quelles déterminations il a données, en indiquant d'abord la méthode générale de l'un et de l'autre. Démocrite ne parle pas de la même manière de toutes les qualités sensibles, il explique les unes par les grandeurs, les autres par les formes[2], quelques-unes enfin

1. Le grec dit simplement : « de leur nature (φύσις). »

2. ou « figures » (σχῆμα). Dans la suite du texte, sauf indication contraire, c'est toujours ce terme qui est traduit par « forme ». Voir le n° 27.

par l'ordre et la position. Platon, par contre, les rapporte presque toutes aux affections et à la sensibilité. Chacun d'eux paraît ainsi se mettre en contradiction avec sa propre hypothèse.

(61) En effet, l'un qui les considère comme affections de la sensibilité détermine leur nature, l'autre qui les attribue aux substances les rapporte aux affections de notre sensibilité. Démocrite définit le lourd et le léger par la grandeur. Car, si chaque substance était absolument séparée, son poids serait, malgré la différence des formes, naturellement proportionnel à sa grandeur. Quant aux corps mélangés, celui qui contient plus de vide est plus léger, celui qui en contient moins est plus lourd[1]. C'est ainsi du moins qu'il s'exprime dans certains passages.

(62) Mais dans d'autres il dit simplement que le léger c'est le subtil. Il explique à peu près de même le dur et le mou : le dur c'est le serré, le mou c'est le relâché[2]. Leurs différents degrés sont expliqués par leur proportion. Il y a pourtant une certaine différence dans la position et la répartition des espaces vides entre le dur et le mou, d'une part, le lourd et le léger, de l'autre. C'est ainsi que le fer est plus dur et le plomb plus lourd. Cela provient de ce que la texture du fer est inégale, qu'il renferme çà et là des vides considérables, tandis que par endroits il est très serré ; en général, cependant, il contient plus de vide [que le plomb]. Mais, bien que celui-ci renferme moins de vide, il est partout d'une texture égale et uniforme, et

1. Théophraste considère donc, comme Aristote et comme le fera Simplicius, que les atomes sont par eux-mêmes pesants. Aétius transmet une version différente de la doctrine. Voir le n° 50 et la note concernant la question.

2. C'est-à-dire le rare, ce qui est peu dense.

c'est pourquoi, tout en étant plus mou, il est plus lourd que le fer[1].

(63) Voilà donc les explications qu'il fournit au sujet du lourd et du léger, du dur et du mou. Pour ce qui est des autres qualités sensibles, aucune n'a de réalité objective, mais toutes sont des affections des sens qui s'altèrent, d'où naît la représentation. Ni le chaud, ni le froid, n'a de réalité objective : il n'y a que changement de configuration, qui produit aussi notre propre altération. En effet, tout ce qui est en masse agit sur chacun, mais ce qui est dispersé dans un large espace est insensible. La preuve qu'elles n'ont pas de réalité objective, c'est que les mêmes qualités ne paraissent pas telles à tous les êtres ; ainsi, ce qui est doux pour nous est amer pour d'autres, acide pour ceux-ci, âcre ou astringent pour ceux-là, etc.

(64) D'autre part, les êtres changent de tempérament par suite des affections et de l'âge, d'où il devient manifeste que c'est la disposition qui cause la représentation[2]. Voilà donc ce qu'il faut généralement admettre pour les qualités sensibles. Néanmoins, comme les autres qualités, il attribue aussi ces dernières aux formes, sauf qu'il n'en indique pas pour tout, mais seulement pour les saveurs et les couleurs. Ce sont surtout les saveurs qu'il explique avec plus de précision, en en rapportant la représentation à l'homme.

1. Ainsi, pour les composés, la pesanteur n'est plus seulement fonction de la taille des atomes, mais aussi de la densité (voir le n° 56).

2. L'état ou la disposition du sentant est un facteur déterminant de la représentation. Démocrite propose là une justification physiologique du relativisme. Comparer avec Protagoras (voir DK 80 B 1 : Sextus Empiricus, *Contre les mathématiciens*, VII, 60 et Platon, *Théétète*, 151 e *sq.*).

(65) Ainsi l'acide est dû à une forme anguleuse, qui a des inflexions multiples et qui est petite et subtile. Grâce à sa finesse, elle se répand rapidement partout, tandis que l'âpreté due aux angles contracte et resserre, de sorte que le corps, par suite des vides qui se produisent en lui, s'échauffe ; car, ce qui contient le plus de vide s'échauffe le mieux. Le doux, au contraire, est composé de figures arrondies qui ne sont pas trop petites ; c'est pourquoi elles distendent le corps tout entier, sans violence, en circulant lentement. Mais il produit des troubles dans les autres saveurs quand, en se glissant à travers les autres formes, il les détourne et il les humecte. Celles-ci étant ainsi mouillées et déplacées de leur position coulent dans le ventre qui offre le passage le plus facile, parce qu'il contient le plus de vide.

(66) L'astringent[1] est composé de grandes formes anguleuses, qui sont aussi peu arrondies que possible. Quand elles pénètrent dans le corps, elles bouchent et obstruent les petites veines en les empêchant de couler, ce qui arrête le cours du ventre. L'amer est constitué de petites formes lisses et arrondies, dont le contour présente cependant des inflexions, ce qui le rend visqueux et collant. Le salé est constitué de grandes formes qui ne sont pas arrondies, dont quelques-unes sont même scalènes, mais la plupart d'entre elles ne le sont pas, et c'est pourquoi elles n'ont pas beaucoup d'inflexions (par « scalènes » il entend des formes qui s'accrochent et s'entrelacent réciproquement)[2]. Elles sont grandes,

1. Ce qui provoque un resserrement ou une crispation des tissus.

2. L'accrochage par éclaboussement (περιπάλαξις) et l'entrelacement (συμπλοκή) des atomes caractérisent également le premier moment cosmogonique. Il y a donc ici analogie entre le moment cosmogonique et le phénomène particulier de l'impression produite par le salé.

puisque le salé reste à la surface ; si elles étaient petites, elles pénétreraient, sous la poussée des particules ambiantes, dans tout le corps. Elles ne sont pas arrondies, parce que le sel a des aspérités, tandis que l'arrondi est lisse. Elles ne sont pas [toutes] scalènes, étant donné que le sel ne peut pas se pétrir[1], mais qu'il est friable.

(67) Le piquant est petit, en partie arrondi, en partie anguleux, sans être scalène. Par son aspérité, qui est due à ses angles nombreux, il échauffe et, étant petit, arrondi et anguleux, perce à travers le corps ; car l'anguleux aussi possède cette propriété. C'est de la même manière qu'il rend compte de toutes les propriétés des autres saveurs en les rapportant aux formes. Mais de toutes les formes il n'y a, selon lui, aucune qui soit pure, sans mélange avec d'autres. Chaque saveur, au contraire, en contient plusieurs à la fois : le lisse, le rude, le rond, l'aigu, etc. La forme prédominante détermine aussi bien la sensation que son intensité. Il faut aussi tenir compte de la disposition [du corps] où elles pénètrent. Il y a en effet des différences assez marquées : la même forme pouvant produire des affections contraires, et des formes contraires la même affection.

(68) Voilà de quelle façon il a expliqué les saveurs. Tout d'abord, il semble étrange qu'il n'ait pas rendu raison de tout uniformément par les mêmes causes, mais qu'il ait expliqué le lourd, le léger, le mou et le dur par la grandeur, la petitesse, le relâchement et le resserrement, le chaud et le froid, par contre, et le reste, par les formes. D'autre part, il admet pour le lourd, le léger, le dur et le mou des natures absolues (car la grandeur, la petitesse, le resserrement et le relâchement ne sont point relatifs

1. Ou, si l'on suit la leçon finalement retenue par Diels-Kranz : « s'entremêler (περιπαλάττεσθαι) <dans ses parties>. »

à autre chose), le chaud et le froid, par contre, et tout le reste ne se rapporteraient qu'à la sensation, bien qu'il répète souvent que la forme du chaud est sphérique.

(69) Mais la plus grande contradiction qui se manifeste dans tous les cas, c'est de dire que les saveurs[1] ne sont que des affections des sens et de les expliquer en même temps au moyen des formes, en affirmant en outre que la même chose paraît aux uns amère, aux autres douce, et même différente à d'autres. Il n'est pas possible que la forme soit une affection et qu'elle ne reste pas toujours la même, mais soit sphérique pour les uns, différente pour les autres (ce qui est peut-être inévitable, si elle paraît douce aux uns, amère aux autres). Les formes ne peuvent pas non plus changer suivant nos dispositions. Bref, la figure existe en soi, tandis que le doux et, généralement, toute qualité sensible sont relatifs et résident dans d'autres sujets, comme il le dit. Il est en outre absurde de prétendre que l'apparence est la même pour tous ceux qui perçoivent les mêmes objets, puis de prouver[2] la réalité de ces derniers, après avoir auparavant affirmé que les apparences diffèrent pour ceux qui sont différemment disposés et, dans un autre endroit, que tel individu n'est pas plus près de la vérité que tel autre.

(70) Il serait juste que le meilleur l'emportât sur le pire, et le sain sur le malade, ce qui est, en effet, plus conforme à la nature. Bien plus, s'il n'existe pas de réalité[3] pour les objets sensibles parce qu'ils ne paraissent pas les mêmes pour tous, il est évident qu'il n'y en a pas davantage pour les animaux ni pour les autres corps ; sur ce point

1. Ou les sensibles en général.
2. Certains traducteurs comprennent : « de réfuter. »
3. Ou de « nature » (φύσις), comme au paragraphe suivant.

non plus les hommes ne sont pas tous du même avis. Et en admettant même que le doux et l'amer ne soient pas sentis par tous de la même façon, la nature de l'amer et du doux n'en paraît pas moins la même pour tous, ce que Démocrite lui-même semble attester. Car, comment ce qui est amer pour nous serait-il doux ou astringent pour d'autres, s'il n'y a pas pour ces qualités quelque nature déterminée ?

(71) C'est ce qu'il rend plus évident dans les passages où il dit que chaque saveur devient et existe réellement, que l'amer, en particulier, participe de l'intelligence. Ainsi, il semble par là contradictoire de ne pas attribuer une certaine réalité aux qualités sensibles. Il y a de plus, comme on l'a montré plus haut, cette contradiction que, tout en admettant une forme pour l'amer et les autres saveurs, il soutient cependant que cela n'est pas une réalité ; alors, ou bien aucune n'a de réalité, ou bien toutes en ont une, puisqu'elles ont toutes la même cause. D'autre part, le chaud et le froid, qui sont considérés comme principes, doivent probablement avoir une certaine réalité ; mais s'il en est ainsi, les autres qualités aussi devraient en avoir une. Et tout en accordant une certaine réalité au dur, au mou, au lourd et au léger, qui cependant figurent parmi les qualités subjectives[1], il n'en accorde aucune au chaud, au froid et au reste. Or, s'il détermine le lourd et le léger suivant les grandeurs, il faut que tous les corps simples aient la même tendance au mouvement, ils seraient ainsi d'une seule matière et auraient la même réalité.

(72) Mais il semble avoir suivi sur ce sujet les auteurs qui regardent la pensée comme étant entièrement produite par l'altération, ce qui est une très vieille opinion. En

1. Littéralement : « les choses relatives à nous. »

effet, tous les anciens, poètes et sages, expliquent la pensée par la disposition corporelle[1]. Il attribue, d'autre part, à chacune des saveurs une forme, en établissant un rapport entre elle et l'effet qu'elle produit dans le domaine affectif, rapport qui devrait avoir lieu non seulement du côté des saveurs, mais aussi du côté des organes des sens, quand on considère surtout que ce sont ceux-ci qui sont affectés. Car le sphérique, ou toute autre forme, ne produit pas toujours le même effet, de sorte qu'il aurait dû déterminer si le substratum [sensoriel] est constitué de formes semblables ou dissemblables, et comment se produit la modification des sensations. En outre, il aurait dû également expliquer tout ce qui concerne le toucher, et non seulement ce qui regarde le goût. Car, ou bien les sensations tactiles, comparées aux saveurs, présentent une certaine différence, ce qu'il aurait dû faire ressortir, ou bien il néglige de dire qu'on peut [les expliquer] de la même manière [que ces dernières].

(73) Parmi les couleurs, il en distingue quatre de simples. Le blanc c'est le lisse, car tout ce qui n'est pas raboteux, ne projette pas d'ombre et n'est pas difficile à pénétrer, tout cela est brillant. Il faut aussi que les choses brillantes aient des conduits droits et soient transparentes. Les substances blanches qui sont dures sont constituées de pareilles formes, comme, par exemple, la surface interne des coquillages ; elles sont ainsi sans ombre, très pures, et possèdent des pores droits. Mais les corps qui sont friables et s'émiettent facilement sont constitués de formes arrondies, disposées obliquement l'une sur l'autre par couples de deux, de sorte que l'ordonnance dans son

1. Comme, par exemple, Empédocle, au § 10 du même traité, et Parménide, au § 3.

ensemble est aussi uniforme que possible. Étant ainsi constitués, ils sont forcément fragiles, parce que l'union [entre les particules] n'a lieu que sur une petite surface ; ils s'émiettent, parce que la disposition est partout uniforme ; ils sont enfin sans ombre, parce que les formes sont lisses et plates. Un corps est plus blanc qu'un autre lorsque les formes indiquées sont plus parfaites, moins mélangées d'autres, et que leur ordonnance et leur disposition sont le plus conformes à celles déjà spécifiées[1].

(74) Voilà de quelles formes le blanc est constitué. Quant au noir, il est composé de formes contraires : raboteuses, scalènes, dissemblables. Elles produisent ainsi des ombres, et les pores ne sont ni droits ni facilement pénétrables. Les effluves, en outre, sont lents et troubles. La qualité de ces derniers a en effet son importance pour la représentation, qui change par suite de l'interception de l'air.

(75) Le rouge est constitué des mêmes formes que le chaud, sauf qu'elles sont plus grandes, et quand il y a de plus grands assemblages des mêmes formes, le rouge est plus intense. La preuve que le rouge est constitué des mêmes formes [que le chaud], c'est que nous devenons rouges quand nous avons chaud, comme d'ailleurs tous les autres corps en ignition avant qu'ils n'arrivent à l'incandescence. Les corps composés de figures plus grandes donnent un rouge plus vif, comme, par exemple, la flamme et le charbon des bois verts comparés à ceux des

1. Ce texte est une application remarquable du schème étiologique démocritéen des différences fondamentales tel qu'il est traduit dans les termes de l'exégèse aristotélicienne : la blancheur est expliquée en tenant compte de la forme ou figure (σχῆμα) des atomes, de leur ordonnance (τάξις) et de leur disposition ou de leurs positions respectives (θέσις). Comparer avec le n° 27 et, *infra*, avec le § 75.

bois secs, ainsi que le fer et les autres corps en ignition. En effet, les corps qui sont le plus brillants contiennent le plus de feu et le plus subtil, tandis que ceux qui sont plus rouges contiennent du feu plus épais et en moindre quantité. C'est pourquoi les corps plus rouges sont moins chauds, car c'est le subtil qui est chaud. En ce qui concerne le vert, il est constitué et mélangé de plein et de vide, il varie selon la position et l'ordre de ces derniers.

(76) Telles sont les formes dont les couleurs simples sont constituées ; chacune d'elles est d'autant plus pure qu'elle est composée de formes moins mélangées. Les autres couleurs sont une combinaison des couleurs simples. C'est ainsi que celles de l'or, du cuivre, et autres semblables, sont des mélanges de blanc et de rouge, car l'éclat provient du blanc et le rougeâtre du rouge, qui, dans le mélange, tombe dans les [interstices] vides du blanc. Si l'on ajoute à ces couleurs du vert, on obtient la plus belle couleur ; mais il faut que les portions du vert soient petites, car si elles étaient grandes, elles ne pourraient pas s'accorder avec une telle combinaison du blanc et du rouge. Ces couleurs varieront d'ailleurs selon qu'on prendra plus ou moins [de chacune].

(77) Le pourpre est composé de blanc, de noir et de rouge ; ce dernier prédomine, le noir s'y trouve en petite quantité et le blanc en proportion moyenne ; c'est pour cela qu'il produit une sensation agréable. Que le noir et le rouge y soient présents, cela est manifeste à l'œil ; que le blanc s'y trouve, l'éclat et la transparence l'indiquent, qui en sont les effets. Le bleu de guède est composé de noir intense et de vert, le noir s'y trouvant en plus grande quantité. Le vert poireau est composé de pourpre et de bleu de guède, ou de vert et de purpurin. D'une telle couleur est en effet le soufre, qui participe au brillant. Le

bleu foncé est formé de bleu de guède et de couleur de feu, en formes arrondies et en aiguilles, afin que le noir soit brillant.

(78) La couleur de noix verte est composée de vert et de bleu foncé. En y ajoutant du vert et du blanc, on obtient la couleur de feu, car ce qui est sans ombre fait disparaître ce qui est noir. Généralement, le rouge ajouté au blanc rend le vert clair et non pas foncé ; c'est pourquoi les plantes sont d'abord vertes avant que la chaleur ne les fasse mûrir. Voilà les couleurs dont il fait mention. Mais il est d'avis que les couleurs, de même que les saveurs, sont innombrables, suivant les mélanges, selon qu'on enlève ceci et qu'on ajoute cela, qu'on met moins de l'un, plus de l'autre. Car aucune de ces couleurs ne sera semblable à l'autre.

(79) Tout d'abord, il y a quelque difficulté dans le fait d'admettre plusieurs couleurs fondamentales. Les autres auteurs, en effet, n'admettent comme couleurs simples que le blanc et le noir. De même, quand il n'assigne pas à tous les corps blancs la même forme, mais une aux corps durs et une autre aux corps friables. Car il n'est pas vraisemblable que des corps qui diffèrent au toucher aient des causes différentes, ni que la forme soit cause de cette différence, mais plutôt sa position. Il est possible que des formes arrondies, et généralement quelconques, fassent ombre les unes sur les autres. La preuve, c'est que lui-même le croit pour les corps lisses qui paraissent noirs, ce qui, selon lui, est dû à cette circonstance que la connexion et l'arrangement [de leurs atomes] sont les mêmes que dans le noir. Inversement, il explique les corps blancs raboteux en disant qu'ils sont constitués de grandes formes à liaisons non arrondies, mais [saillantes et] disposées en lignes brisées, les formes des figures

étant disposées à la façon d'un escalier ou des ouvrages avancés devant les remparts. Un tel groupement ne projette pas d'ombre et ne forme pas d'empêchement pour le brillant.

(80) Comment peut-il en outre affirmer que chez quelques animaux le blanc devient noir quand ils sont disposés de telle façon qu'il y ait ombre portée ? Mais il semble, en général, expliquer plutôt la nature du diaphane et du brillant que celle du blanc. Car, être transparent et ne pas avoir de pores à inclinaisons alternatives, voilà ce qui caractérise le diaphane.

Mais combien de corps blancs y a-t-il qui appartiennent au diaphane ? D'autre part, affirmer que les pores des corps blancs sont droits et que ceux des corps noirs sont à inclinaisons alternatives, c'est supposer qu'une substance y pénètre. Or, Démocrite soutient que la vision est due à un effluve et à une image qui se réfléchit dans l'œil. S'il en est ainsi, qu'importe-t-il que les pores se suivent d'une façon continue ou qu'ils forment des lignes brisées ? Il n'est pas non plus facile d'admettre qu'un effluve puisse, d'une manière quelconque, naître du vide ; il aurait dû ainsi en indiquer la cause. Il semble, en effet, expliquer le blanc par la lumière ou par quelque autre chose. C'est aussi pourquoi il invoque l'épaisseur de l'air comme cause de la représentation du noir.

(81) Il n'est pas plus facile de comprendre comment il explique le noir, car l'ombre est quelque chose de noir qui masque le blanc : celui-ci serait ainsi naturellement antérieur [au noir]. En même temps il n'invoque pas comme cause l'ombre portée seulement, mais aussi la grossièreté de l'air, ainsi que celle de l'effluve pénétrant dans l'œil, et le trouble de celui-ci. Or, il n'explique pas si

tout cela arrive par défaut de transparence ou par quelque autre chose et de quelle nature est celle-ci.

(82) Il est encore étrange qu'il n'assigne pas de forme au vert, mais le constitue seulement de solide et de vide*. Car ceux-ci sont communs à toutes choses, quelles que soient les formes qui les composent. Comme aux autres couleurs, il aurait dû attribuer aussi au vert une forme particulière. Et si le vert est contraire au rouge, comme le noir l'est au blanc, il devrait avoir une forme opposée. Mais s'il n'est pas contraire, il faut s'étonner qu'il ne considère pas les principes comme des contraires, ce qui semble être l'avis de tous les autres auteurs. Il aurait surtout dû préciser quelles sont les couleurs simples, et pourquoi les unes sont composées, les autres non. Car la plus grande difficulté est relative aux principes. Mais ceci est peut-être une tâche pénible. En effet, si quelqu'un pouvait déterminer les saveurs simples, il pourrait en dire davantage[1]. En ce qui concerne l'odorat, il a omis d'en dire quelque chose de précis, sinon que l'odeur est produite par le subtil qui émane des corps lourds. Mais il n'a rien dit, ce qui serait peut-être le plus important, au sujet de la nature de l'être qui subit l'influence d'une certaine chose. Démocrite laisse ainsi de côté plusieurs questions.

Théophraste, *Des sens*, § 49-83 [DK 68 A 135].

* Théophraste vise ici l'explication que Démocrite a donnée du vert. Voir plus haut (75) à la fin.

1. C'est-à-dire que lui, Démocrite, serait mieux placé que quiconque pour le faire.

LES PERCEPTIONS

N° 138. Démocrite dit que la vision consiste dans la réception de l'image réfléchie[1] des objets visibles. L'image est la forme réfléchie dans la pupille. Il en est de même des autres objets transparents qui sont aptes à conserver des images. Il pense, ainsi que Leucippe avant lui et Épicure après, que certains simulacres, qui se détachent continuellement des objets visibles et qui ont la même forme qu'eux, pénètrent dans les yeux de ceux qui voient et engendrent ainsi la vision. Il cite comme preuve le fait qu'on observe toujours dans la pupille de ceux qui voient l'image réfléchie ou la copie de l'objet vu.

Alexandre d'Aphrodise,
Commentaire au traité Du sens d'Aristote,
24, 14 [DK 67 A 29].

N° 139. Leucippe, Démocrite et Épicure sont d'avis que la vision est due à la pénétration de simulacres [dans l'œil].

Aétius, IV, 13, 1 [DK 67 A 29].

1. ἔμφασις.

N° 140. Leucippe, Démocrite et Épicure affirment que les images réfléchies présentées par les miroirs sont dues à la résistance rencontrée par les simulacres qui, partis de nous, sont arrêtés à la surface du miroir et renvoyés.

Aétius, IV, 14, 2 [DK 67 A 31].

N° 141. Démocrite et la plupart des physiologues qui traitent de la sensibilité procèdent d'une manière étrange, car ils considèrent toutes les sensations comme étant produites par le contact. Or, si cela est vrai, il est évident que chacun des autres sens est un mode du toucher.

Aristote, *Du sens*, 4, 442 a 29 [DK 68 A 119].

N° 142. Quand Démocrite dit que notre œil est constitué d'eau, il a parfaitement raison, mais il a tort de croire que la vision est une réflexion[1]; l'image se produit en effet parce que l'œil est lisse, et la vision n'est pas dans l'œil, mais dans celui qui voit; ce phénomène, en effet, n'est qu'une réflexion. Il semble que, généralement, on n'avait à cette époque aucune notion précise au sujet de la formation des images et de la réflexion. Il est étrange qu'il ne lui soit pas venu à l'esprit de se demander pourquoi l'œil seul voit, tandis qu'aucun des objets dans lesquels les simulacres se reflètent ne le fait.

Que la vue soit de l'eau, c'est vrai; cependant la vision ne se produit pas en tant qu'elle est de l'eau, mais en tant que diaphane, et c'est une qualité qui est commune à l'air[2].

Aristote, *Du sens*, 2, 438 a 5 [DK 68 A 121].

1. Une « image réfléchie » (ἔμφασις).

2. La critique d'Aristote peut être ainsi résumée : Démocrite identifie la vision à un simple phénomène de réflexion. Or l'acte de vision ne réside pas dans l'image que l'on peut voir se refléter sur

N° 143. Démocrite a tort de croire que, si l'espace intermédiaire devenait vide, on pourrait voir nettement même une fourmi se trouvant dans le ciel[1].

Aristote, *Traité de l'âme*, II, 7, 419 a 15 [DK 68 A 122].

la pupille, mais il est interne au sujet qui voit. De plus, il n'est pas provoqué par un afflux de simulacres, mais par la lumière qui est l'acte du milieu diaphane : « la couleur meut le diaphane, par exemple l'air, et celui-ci, qui est continu, meut à son tour l'organe sensoriel » (Aristote, *Traité de l'âme*, II, 7, 419 a 13-15).

1. Ce témoignage a été diversement interprété, certains commentateurs considérant qu'il contredit la conception de la vision par l'air intermédiaire (voir Théophraste, n° 137 et Épicure, D. 9, dans le dossier). Il n'est cependant pas sûr qu'Aristote révèle ici la véritable intention de Démocrite. Étant essentiellement préoccupé par l'exposition de sa propre thèse selon laquelle l'air intermédiaire, en tant que diaphane, est précisément responsable de la vision, il accentue sans doute la différence qui le sépare de Démocrite.

La pensée de celui-ci, en prenant l'exemple de la fourmi céleste, pouvait en fait être la suivante : si l'espace intermédiaire était vide, il n'y aurait aucun obstacle matériel à la vision d'une fourmi, fût-elle placée sur la voûte céleste. Or nous ne faisons jamais l'expérience d'une telle vision. C'est donc qu'il existe un air intermédiaire qui nous en empêche. Cela signifie que, de fait, dans notre monde, nous ne voyons que par l'intermédiaire de l'air. Les objets que nous identifions comme objets de perception n'ont pas de réalité en soi car seuls existent les atomes et le vide. La fourmi, l'homme, la couleur, la distance des objets, sont relatifs à l'acte par lequel nous nous les représentons et à ses conditions de possibilité. C'est précisément en ce sens que, selon l'interprétation de Démocrite par Aristote, tous les phénomènes sont vrais (voir le n° 166 et le témoignage de Théophraste, n°s 137, § 50, 51, 63, 64, 69). Comprise dans cette perspective phénoméniste, la vision de la fourmi céleste ne serait donc qu'une expérience de pensée, démarche théorique dont Démocrite nous donne un autre exemple avec l'aporie des sections du cône (voir le n° 87).

N° 144. Favorinus… en tirant en quelque sorte de la fumée, où elle restait obscure, cette vieille doctrine de Démocrite, pour lui rendre sa pureté et son éclat, commence par poser ce principe populaire de Démocrite : « Les simulacres pénètrent profondément en nous par les pores et, en montant vers la partie supérieure, produisent les visions des songes. Ces simulacres qui affluent de toutes parts se dégagent des meubles, des vêtements, des plantes et, surtout, des êtres vivants par suite d'une vive agitation et de la chaleur. Ils ne possèdent pas seulement les similitudes et les formes empreintes des corps (comme le croit Épicure, qui suit jusqu'ici Démocrite pour l'abandonner ensuite), mais ils entraînent avec eux les apparences[1] des mouvements et des résolutions de l'âme, de ses émotions[2] et de ses passions, et, chargés de la sorte, entrent en nous comme images vivantes. Ils indiquent ainsi et révèlent à ceux qui les reçoivent les opinions, les raisonnements et les désirs de ceux de qui ils émanent, à condition qu'ils conservent les images (εἰκόνας) nettes et distinctes[3]. » Ceci arrive surtout lorsque leur transmission s'effectue promptement et sans obstacle à travers un air calme.

Or, en automne, où les arbres perdent leurs feuilles, [l'air] offre beaucoup d'inégalité et d'âpreté, il déforme et dérange notablement les simulacres, dont l'éclat[4] pâlit et s'affaiblit jusqu'à l'obscurité par suite de la lenteur de leur transmission. Au contraire, lorsque les simulacres s'élancent rapidement et en grand nombre des objets qui

1. « Les images réfléchies » (ἐμφάσεις).
2. Ou encore le « caractère », ou la « disposition morale ».
3. « les images » (εἰκόνας). On rapprochera ce texte de la critique épicurienne des simulacres démocritéens (voir n° D. 11 et 12).
4. « L'éclat » et, en même temps, le caractère évident (τὸ ἐναργές).

sont pleins de sève et très chauds, ils transmettent des images[1] vives et significatives.

Plutarque, *Propos de table*, VIII, 10, 2; 734 F [DK 68 A 77].

N° 145. L'épicurien Catius l'Insubrien [...] appelle fantômes[2] ce que le philosophe de Gargette[3], et avant lui Démocrite, appelait simulacres. Or, bien que les yeux puissent être frappés de ces fantômes, puisque, qu'on le veuille ou non, ils y affluent d'eux-mêmes, je ne vois pas que l'esprit puisse l'être.

Cicéron, *Lettre à Cassius*, XV, 16, 1 [DK 68 A 118].

N° 146. Démocrite pense que les songes sont dus à l'apparition de simulacres.

Aétius, V, 2, 1 [DK 68 A 136].

N° 147. Faut-il croire que les esprits des dormeurs se meuvent d'eux-mêmes dans le rêve ou, comme le croit Démocrite, qu'ils sont agités par une vision extérieure et accidentelle?

Cicéron, *De la divination*, II, 58, 120 [DK 68 A 137].

N° 148. Vous ne tenez aucun compte et vous ne faites pas mention des simulacres de Démocrite, comme s'il s'agissait des Égiens ou des Mégariens. Les gens malveillants, dit-il, lancent des simulacres qui ne manquent tout à fait ni de sensibilité ni de désir et qui sont chargés

1. Ou : « les images réfléchies » (ἐμφάσεις).
2. En latin : *spectra*.
3. Épicure.

de la méchanceté et des maléfices de ceux qui les envoient. Quand ils en imprègnent les gens ensorcelés en se fixant sur eux et en y demeurant, ils leur causent des troubles et produisent des ravages dans leur corps et dans leur esprit. Telle est, si je ne me trompe, l'opinion de ce philosophe qu'il exprime dans un langage divin et plein de magnificence.

Plutarque, *Propos de table*,
V, 7, 6 ; 682 F [DK 68 A 77].

DE LA NATURE DE L'ÂME

N° 149. Démocrite dit que l'âme est feu et chaleur. Car, les formes ou les atomes étant en nombre infini, [il appelle ceux d'entre eux qui sont sphériques feu et âme ; il faut se les[1] représenter à la manière des poussières voltigeant dans l'air et devenant visibles grâce aux rayons de soleil qui pénètrent par les fenêtres et dont]* le mélange de semences constitue, d'après lui, les éléments de la nature entière. C'est ce que pense aussi Leucippe. Ceux des atomes qui sont sphériques constituent l'âme, parce que ce sont les rythmes de ce genre qui sont le plus à même de se glisser à travers toutes choses et que, étant animées d'un mouvement propre, elles mettent en mouvement tout le reste. Ils sont d'avis que c'est l'âme qui communique le mouvement aux êtres vivants. C'est pourquoi la vie cesse avec la respiration[2]. En effet, comme l'air ambiant

* Le passage entre crochets est considéré par Diels comme une interpolation. Il aurait figuré comme scholie à la doctrine de l'âme des pythagoriciens dont Aristote parle plus loin (404 a 16).

1. Il s'agit des atomes et des figures en général.

2. Ou encore : « C'est pourquoi, c'est la respiration qui définit la vie. » À la lecture de ce témoignage, on constate donc qu'aux yeux de Démocrite, pour expliquer l'animation, il faut d'abord se demander quel est le type d'atomes, parmi l'infinité de leur nombre et de leurs formes, qui convient le mieux à ce phénomène. Ce sont, disent Leucippe et Démocrite, les atomes sphériques, également constitutifs du feu.

exerce une pression sur les êtres vivants et en fait sortir les atomes qui leur communiquent le mouvement, parce qu'ils sont dans une agitation constante, ceux-ci reçoivent du secours du dehors grâce à l'arrivée, par la respiration, d'autres atomes semblables. Ces derniers empêchent encore ceux qui sont contenus dans les êtres vivants de s'en séparer en opposant une résistance à ce qui comprime et condense. Et les êtres vivent aussi longtemps qu'ils peuvent accomplir cette fonction.

Aristote, *Traité de l'âme*, I, 2, 404 a 1 [DK 67 A 28].

N° 150. Démocrite dit que l'âme est un composé d'éléments ignés saisissables par l'intelligence ; ils ont des formes [1] sphériques et une puissance de feu, ce qui est le propre d'un corps.

Aétius, IV, 3, 5 [DK 68 A 102].

Le premier moment de l'explication est donc logique et géométrique ou, si l'on veut, *a priori* : parmi l'infinité des figures atomiques, au sein de l'universel mélange des semences (*panspermia*), c'est la figure sphérique qui convient le mieux à l'objet recherché. Cela toutefois ne suffit pas à définir la vie. Il faut encore que ces atomes sphériques continuent de circuler dans le corps en se régénérant sous la pression de l'air extérieur qui les contient. L'animation et la vie sont donc conçues comme une situation d'équilibre, une compensation provisoire entre la pression extérieure et la pression intérieure (voir le n° 118). De ce point de vue, il n'y a pas à proprement parler d'« atomes psychiques » : les atomes sphériques ne deviennent atomes d'âme que dans un contexte particulier, en relation avec les atomes corporels et l'air extérieur. Ce texte est révélateur d'une étiologie duelle où, à partir de l'explication géométrique, se développe une explication physiologique grâce à laquelle l'observation retrouve droit de cité.

1. Ou des « idées ». Aétius, après Démocrite, utilise le terme ἰδέα. Voir le n° 51.

N° 151. Démocrite dit que l'esprit qui est mêlé aux atomes est doué d'une mobilité telle qu'il pénètre tout corps.

Macrobe, *Commentaire sur le songe de Scipion*, I, 14, 19 [DK 68 A 103].

N° 152. Certains affirment que l'âme meut aussi le corps dans lequel elle réside, de la même manière qu'elle se meut elle-même. C'est ce que soutient Démocrite, à peu près de même que Philippe, l'auteur de comédies. Celui-ci dit en effet que Dédale dota de mouvement son Aphrodite de bois en y versant du mercure. Et Démocrite s'exprime de même en soutenant que les atomes sphériques, qui se meuvent parce qu'il est de leur nature de ne jamais rester en repos, entraînent aussi et meuvent le corps tout entier.

Aristote, *Traité de l'âme*, I, 3, 406 b 15 [DK 68 A 104].

N° 153. Démocrite dit que l'âme est indivisible, qu'elle ne possède pas de facultés multiples, que la pensée est de même nature que la sensation et qu'elles proviennent toutes les deux d'une seule faculté.

Jean Philopon, *Commentaire sur le Traité de l'âme d'Aristote*, 35, 12 [DK 68 A 105].

N° 154. Démocrite et Épicure disent que l'âme est composée de deux parties : l'une, rationnelle, ayant son siège dans la poitrine, l'autre, irrationnelle, qui est répartie dans tout le corps.

Aétius, IV, 4, 6 [DK 68 A 105].

N° 155. Hippocrate, Démocrite et Platon ont soutenu que la raison a son siège dans l'encéphale.

Aétius, IV, 5, 1 [DK 68 A 105].

N° 156. Démocrite soutient que l'âme et l'esprit sont absolument identiques, car le vrai c'est ce qui apparaît[1]. Et c'est pourquoi Homère avait raison de dire que « Hector gisait la pensée égarée ». Il n'emploie donc pas l'esprit comme une faculté pour atteindre la vérité, mais affirme que l'âme et l'esprit sont la même chose. – Certains ont cru que l'âme est du feu, car celui-ci est le plus subtil et le plus incorporel de tous les éléments ; c'est lui qui possède primitivement la propriété de se mouvoir et de mettre en mouvement les autres choses.

Démocrite s'est même expliqué d'une façon plus précise en montrant pourquoi le feu (ou l'âme) possède chacune de ces propriétés : c'est que l'âme et l'esprit sont une même chose. L'âme est formée des corps primordiaux et indivisibles, elle est motrice à cause de sa subtilité et de sa forme ; car, dit-il, la forme sphérique est la plus aisément mobile de toutes, et telle est celle de l'esprit et du feu.

Aristote, *Traité de l'âme*,
I, 2, 404 a 27 ; 405 a 5 [DK 68 A 101].

1. Ou le « phénomène », τὸ φαινόμενον.

N° 157. Il n'est aucunement possible d'accepter ce que la pensée auguste de Démocrite proclame : que les éléments primordiaux du corps et de l'âme, juxtaposés un à un, relient alternativement les membres[1].

Lucrèce, *De la nature*, III, 370 *sq.* [DK 68 A 108].

N° 158. Démocrite soutient que tout ce qui existe possède une âme d'une certaine qualité, même les cadavres, étant donné qu'ils conservent manifestement un reste de chaleur et de sensibilité, bien qu'ils en aient perdu la plus grande partie.

Aétius, IV, 4, 7 [DK 68 A 117].

N° 159. Démocrite et Épicure disent que l'âme est destructible et qu'elle périt simultanément avec le corps.

Aétius, IV, 7, 4 [DK 68 A 109].

1. Pour Lucrèce, en effet, les éléments de l'âme sont beaucoup plus petits et beaucoup moins nombreux que ceux du corps (v. 374-376), ils ne peuvent donc s'intercaler. Il distingue en outre l'âme (*anima*) de l'esprit (*animus*). C'est la présence de ce dernier dans son intégralité qui définit la vie, alors que l'âme peut être partiellement dispersée (v. 396 *sq.*). Voir également Épicure, *Lettre à Hérodote*, § 63-66.

LA CONNAISSANCE

N° 160. Démocrite disait qu'il aimerait mieux trouver une seule explication causale[1] que devenir roi des Perses.

Denys d'Alexandrie chez Eusèbe de Césarée, *Préparation évangélique*, XIV, 27, 4 [DK 68 B 118].

N° 161. Les autres philosophes disent que les sensibles sont par nature, tandis que Leucippe, Démocrite et Diogène affirment qu'ils ne sont que choses conventionnelles, c'est-à-dire déterminées par l'opinion et nos affections. Rien n'est vrai ni intelligible en dehors des éléments primordiaux, c'est-à-dire les atomes et le vide. Ce sont les seules choses qui soient par nature, tandis que les objets qui se distinguent entre eux grâce à la position, l'ordre et la forme des atomes sont des accidents.

Aétius, IV, 9, 8 [DK 67 A 32].

N° 162. Leucippe et Démocrite disent que les sensations et les pensées sont des modifications du corps.

Aétius, IV, 8, 5 [DK 67 A 30].

N° 163. Leucippe, Démocrite et Épicure soutiennent que la sensation et la pensée sont produites par les simulacres qui pénètrent en nous ; personne, en effet, n'est en

1. En grec : αἰτιολογία. Voir notre introduction, p. 17 *sq*.

possession de l'une ou de l'autre sans qu'un simulacre vienne le toucher.

Aétius, IV, 8, 10 [DK 67 A 30].

N° 164. Démocrite pense que les sensations sont plus nombreuses que les sensibles, mais elles restent inaperçues à cause de la disproportion qu'il y a entre elles et le nombre de ceux-ci[1].

Aétius, IV, 10, 5 [DK 68 A 115].

N° 165. Démocrite dit que les animaux privés de raison, les sages et les dieux possèdent un nombre de sens plus élevé [que le nombre ordinaire].

Aétius, IV, 10, 4 [DK 68 A 116].

N° 166. Beaucoup d'animaux en bonne santé reçoivent des mêmes objets des impressions radicalement différentes des nôtres. Et même, chaque individu ne paraît pas avoir toujours du même objet les mêmes impressions sensibles. Il est impossible de décider lesquelles d'entre elles sont vraies et lesquelles sont fausses. Car les unes ne sont pas plus vraies que les autres, toutes le sont également. C'est pourquoi Démocrite dit que, ou bien rien n'est vrai, ou bien la vérité nous reste cachée. Certes, d'une manière générale, quand on suppose que la connaissance se réduit à la sensation et que celle-ci est une altération, le phénomène sensible doit nécessairement être vrai[2].

Aristote, *Métaphysique*, Γ, 5, 1009 b 7 [DK 68 A 112].

1. Ou bien : « leur nombre reste incertain parce qu'il ne correspond pas à celui des sensibles. »

2. Aristote vient d'évoquer le relativisme de Protagoras. Les conclusions de Démocrite le rejoignent en partie et le « pas plus » (οὐ μᾶλλον), formule qui sera reprise par Pyrrhon dans un sens plus radical

N° 167. Démocrite dit expressément que le vrai et l'apparence[1] sont identiques, que la vérité ne diffère en rien de ce qui apparaît aux sens, mais que tout ce qui se manifeste à chaque individu et lui semble exister est vrai.

Jean Philopon, *Commentaire sur le Traité de l'âme d'Aristote*, 71, 31 [DK 68 A 113].

N° 168. On ne pourrait donc pas dire, en retournant l'argument, que toute apparence[2] est vraie, comme le déclaraient Démocrite et Platon en disputant contre Protagoras[3]. Car, si toute apparence est vraie, l'affirmation, basée sur l'apparence, que toute apparence n'est pas vraie sera aussi vraie, de sorte que l'énoncé que toute apparence est vraie deviendra faux.

Sextus Empiricus, *Contre les mathématiciens*, VII, 389 [DK 68 A 114].

N° 169. Platon et Démocrite supposent que seules les choses saisissables par l'entendement sont vraies, mais, tandis que Démocrite soutenait cette opinion parce qu'à la base de la nature il n'y a rien de sensible, car les atomes qui forment toutes choses sont privés de toute qualité

(voir, dans le dossier, les textes D. 14 et D. 16), traduit ici l'indifférence logique entre les phénomènes. Toutefois Démocrite, comme Platon, dénonce la contradiction interne du discours de Protagoras (voir le texte n° 168 et, dans le dossier, D. 14). Ni l'affirmation de la vérité des phénomènes, ni la négation de toute connaissance, ne suffisent donc à caractériser la conception démocritéenne de la connaissance (voir le n° 171).

1. Ou « le phénomène » (τὸ φαινόμενον).

2. Ou « représentation » (φαντασία).

3. Il faut comprendre que ce sont Démocrite et Platon qui retournent l'argument contre Protagoras. Voir Platon, *Théétète*, 171 a.

sensible, Platon l'adoptait pour la raison que les choses sensibles deviennent toujours mais ne sont jamais.

Sextus Empiricus, *Contre les mathématiciens*, VIII, 6-7 [DK 68 A 59].

N° 170. Qui ignore que la plus injuste calomnie que puisse porter tout raisonnement, c'est d'attaquer ce qui est évident ? Comment le raisonnement, pour qui il n'y a pas de commencement possible hors de l'évidence, pourrait-il être digne de foi lorsqu'il s'emporte insolemment contre elle, alors qu'il y trouve les principes ? Démocrite, le sachant lui aussi, après avoir décrié les apparences en disant : « convention que la couleur, convention que le doux, convention que l'amer, en réalité il n'y a que des atomes et du vide », fait tenir aux sens le langage suivant contre la raison : « Pauvre raison, après nous avoir emprunté tes arguments, tu veux nous abattre ! Ta victoire est ta défaite[1]. »

Galien, *De l'expérience médicale*, 1259, 8 Schöne ; fgt 23 b, 102.4 Deichgräber [DK 68 B 125].

1. On comparera ce texte aux n°s 171-172. Dans le *Traité de l'expérience médicale*, Galien fait dialoguer deux représentants de deux écoles médicales opposées, l'école rationaliste et l'école empirique. Ce passage fait partie de la réponse de l'empirique. Il témoigne donc d'une influence de Démocrite sur l'empirisme médical. Le respect de l'empirique à son égard n'est pas incompatible avec les positions pré-sceptiques prêtées à l'Abdéritain : Pyrrhon, qui inaugure véritablement la tendance sceptique, est également considéré par cette école comme une autorité de premier plan. Toutefois, la défense des sens apparaît dans ce fragment comme une rétractation de Démocrite, et la physique atomique, ici brièvement évoquée, ne saurait être admise par l'empirique. L'influence de la physique atomique s'exercera plutôt sur Asclépiade de Bithynie (activité autour de 130-150 av. J.-C.), maître possible de Lucrèce et précurseur de l'école méthodique. Concernant la reconstruction de ce texte, je renvoie à P.-M. Morel, *Démocrite et la recherche des causes*, Paris, Klincksieck, 1996, p. 380-391.

N° 171. [135] Démocrite, quant à lui, lorsqu'il abolit les choses qui apparaissent aux sens, dit à leur propos que rien n'apparaît conformément à la vérité, mais seulement conformément à l'opinion, et que ce qui est véritablement dans les êtres, ce sont les atomes et le vide. Il dit en effet : « Convention (νόμῳ) que le doux, convention que l'amer, convention que le chaud, convention que le froid, convention que la couleur : en réalité (ἐτεῇ) il n'y a que des atomes et du vide. » Ce qui signifie : on convient et on forme l'opinion que les sensibles existent, mais ceux-ci n'existent pas véritablement, seuls existent véritablement les atomes et le vide. [136] Dans l'ouvrage intitulé *Confirmations*, bien qu'il ait promis d'attribuer aux sens la force de la crédibilité, on ne le voit pas moins les condamner. Démocrite dit en effet : « Nous ne connaissons en réalité rien de certain, mais seulement ce qui change selon la disposition de notre corps, et selon ce qui pénètre en lui ou ce qui lui résiste. » Il dit encore : « Il a été souvent démontré que nous ne savons pas ce que chaque chose est ou n'est pas en réalité. » [137] Dans son ouvrage *Sur les formes*, Démocrite dit : « L'homme doit apprendre par cette règle qu'il est loin de la réalité. » Et ensuite : « Ce discours aussi montre qu'en réalité nous ne savons rien de rien, mais que l'opinion de chacun repose sur l'afflux[1]. » Enfin : « Il deviendra pourtant manifeste qu'il est impossible de connaître la nature réelle de chaque chose[2]. » De fait, dans ces passages, il rejette à peu près toute compréhension, même si ce sont les sens seuls qu'il attaque spécialement. [138] Dans son ouvrage

1. Il s'agit de l'afflux des simulacres.

2. La restriction « de chaque chose » est importante : si aucune chose n'est connaissable dans sa singularité, cela ne signifie pas que la totalité des phénomènes soit dépourvue de sens et leur connaissance globale impossible.

intitulé *Canons*, Démocrite dit : « Il y a deux formes de connaissance, l'une par les sens, l'autre par l'intellect ; celle qui s'exerce par l'intellect, il l'appelle "légitime", témoignant pour sa fiabilité dans le discernement de la vérité ; celle qui s'exerce par les sens, il lui donne le nom d'"obscure", lui déniant l'infaillibilité pour ce qui est de distinguer le vrai. » [139] Il dit textuellement : « Il y a deux formes de connaissance, la légitime et l'obscure[1]. À cette dernière appartiennent ensemble la vue, l'ouïe, l'odorat, le goût et le toucher. Mais la connaissance légitime se distingue d'elle radicalement. » En montrant ensuite la supériorité de la connaissance légitime sur la connaissance obscure, il poursuit en disant : « Quand la connaissance obscure ne peut plus, dans le domaine de l'infime petitesse, ni voir, ni entendre, ni sentir, ni goûter, ni toucher, et que la recherche exige de la précision, alors intervient la connaissance légitime, qui possède un

1. Ou « bâtarde », l'adjectif σκότιος signifiant à la fois ténébreux, obscur, et illégitime, en parlant d'une naissance. La différence entre les deux modes de connaissance ou de jugement ne recoupe ni une opposition entre des facultés, ni une distinction entre deux types d'objets, mais plutôt une différence d'attitudes. La connaissance bâtarde des sens croit à la réalité, continue, des qualités sensibles qu'elle distingue. L'exercice du jugement légitime, purifié de la confusion du sensible, exige que l'on reconnaisse la réalité, les atomes et le vide, comme discontinue et imperceptible (voir notre introduction, p. 19 *sq.*).

Ceci appelle plusieurs remarques. Premièrement, bien que Sextus Empiricus privilégie chez Démocrite son rationalisme critique, il montre par ce témoignage que le domaine de la « convention » conserve une fiabilité relative, suffisante pour l'observation et la pratique (voir notamment le § 140). Deuxièmement, l'exercice du jugement légitime n'exclut par la référence au sensible, bien que celui-ci ne puisse constituer le point de départ d'une démarche inductive au terme de laquelle nous saisirions les atomes et le vide. Enfin, force est de constater, au vu de l'ensemble de notre corpus, que le processus par lequel nous nous représentons ces derniers demeure inexpliqué.

instrument plus subtil. » Ainsi, selon lui, c'est la raison qui est critère, ce qu'il appelle « connaissance légitime ». [140] Diotime[1] disait que, selon Démocrite, il y a trois critères de la vérité : a) les phénomènes sont le critère pour la compréhension des choses invisibles ; en effet, les phénomènes sont la vue des choses cachées, comme le dit Anaxagore[2], que Démocrite loue pour cela, b) le concept est le critère de la recherche, « car en toute chose, mon enfant, le seul point de départ, c'est de savoir quel est l'objet de la recherche[3] », c) les affections sont le critère de ce qu'il faut choisir et de ce qu'il faut fuir. Ce qui est conforme à notre nature doit être recherché, ce qui lui est contraire doit être évité.

Sextus Empiricus, *Contre les mathématiciens*, VII, 135-140 [contient DK 68 A 111 ; 68 B 6 à 11].

N° 172. Démocrite rejette les qualités lorsqu'il dit : « convention que le chaud, convention que le froid, en réalité, des atomes et du vide ». Et encore : En réalité nous ne savons rien, car la vérité est enfouie dans l'abîme[4].

Diogène Laërce, IX, 72 [DK 68 B 117].

1. On ne sait précisément s'il s'agit d'un Abdéritain, d'un stoïcien ou d'un épicurien.
2. Voir DK 59 B 21 a.
3. Citation libre du *Phèdre* de Platon, 237 b.
4. Ou « au fond du puits ». Ce témoignage figure dans le chapitre du livre IX qui est consacré à Pyrrhon. Démocrite y est évoqué comme précurseur du scepticisme.

LE LANGAGE ET LES ARTS

N° 173. Démocrite, en affirmant que les mots ont un caractère conventionnel[1], le prouve par quatre arguments. Par l'homonymie : des choses différentes peuvent être désignées par le même nom ; les noms ne sont donc pas par nature ; par la polysémie : différents noms peuvent en effet s'appliquer à la même chose une ; mais ils devraient alors s'appliquer mutuellement les uns aux autres, ce qui est impossible ; troisièmement par le changement de nom. Comment en effet changer le nom d'Aristoclès en Platon et celui de Tyrtamos en Théophraste, si les noms sont par nature ? Enfin, par l'absence de nom. Pourquoi, à partir du mot « pensée » (*phronesis*), disons-nous

1. Proclus, néoplatonicien du Vᵉ siècle, situe Démocrite et Aristote du côté d'Hermogène, qui, dans le *Cratyle* de Platon, oppose à Cratyle l'idée selon laquelle les noms sont des conventions et non des désignations naturelles. Proclus place en revanche Épicure du côté de Cratyle (voir la *Lettre à Hérodote*, § 75).

On complétera le dossier de la conception démocritéenne du langage par ce témoignage de Sextus Empiricus (*Contre les mathématiciens*, VIII, 184), absent de la collection de Diels-Kranz : « Démocrite dit qu'aucun des sensibles n'existe réellement, mais que les perceptions que nous en avons sont des affections vides (κενοπαθείας) des sens et que le sucré n'existe pas dans les choses extérieures, ni non plus l'amer, ni le froid, ni le chaud, ni le blanc, ni le noir, ni quoi que ce soit des choses qui apparaissent à chacun. Ce sont en effet des noms pour désigner nos affections. »

« penser » (*phronein*), alors que nous ne formons aucun mot à partir du mot « justice » (*dikaiosune*)? Les noms ont, par conséquent, un caractère conventionnel et non naturel.

Proclus, *Commentaire sur le Cratyle de Platon*, 16, 6 [DK 68 B 26].

N° 174. [Les paroles sont] des images parlantes[1].

Olympiodore, *Commentaire sur le Philèbe de Platon*, 242 [DK 68 B 142].

N° 175. Démocrite n'admet pas que quelqu'un puisse être grand poète sans être plein d'enthousiasme, ce que dit également Platon.

Cicéron, *De la divination*, I, 38, 80 [DK 68 B 17].

N° 176. Démocrite dit comme Platon[2] : « Tout ce qu'un poète compose avec enthousiasme et sous l'inspiration sacrée est certainement beau. »

Clément d'Alexandrie, *Stromates*, VI, 168 [DK 68 B 18].

N° 177. Démocrite s'exprime sur Homère de la manière suivante : « Homère, doué d'un génie divin, a construit un ensemble merveilleux de poèmes variés. »

Dion Chrysostome, *Discours*, 36, 1 [DK 68 B 21].

1. Plus probablement : « Les noms des dieux en sont des images parlantes. »

2. Voir Platon, *Ion*, 534 b.

N° 178. Démocrite qui est non seulement le plus avisé parmi les anciens dans la science de la nature, mais également un homme qu'aucun chercheur ne dépasse en curiosité[1], dit que la musique est un art relativement jeune, et la cause en est que ce n'est pas la nécessité qui lui a donné naissance, mais le luxe.

Philodème, *De la musique*,
IV, 31 ; 108, 29 Kemke [DK 68 B 144].

N° 179. Démocrite conseille de s'instruire dans l'art militaire, qui est d'une importance extrême, et de poursuivre les efforts, grâce auxquels les hommes réalisent les choses les plus grandes et les plus belles[2].

Plutarque, *Contre Colotès*, 1126 A [DK 68 B 157].

1. Cet éloge par Philodème de l'ampleur des recherches démocritéennes dans le domaine de la *phusiologia*, ou science de la nature, montre que la réception épicurienne de Démocrite est contrastée. On le rapprochera notamment de l'attitude d'Épicure dans son traité *De la nature* (voir texte D. 5 du dossier).

2. Selon une correction des manuscrits souvent retenue, c'est à apprendre l'art « politique » (πολιτικὴν) qu'inviterait Démocrite – correction de Reiske, suivi par Diels, Solovine, Luria (728) Dumont, Leszl (153.1) et Laks-Most (D355). Nous gardons la leçon manuscrite (πολεμικὴν), comme Taylor. Dans les deux cas, il s'agit d'une réponse de Plutarque à la critique de l'épicurien Colotès selon laquelle les anciens philosophes négligeraient la pratique, à cause de leur scepticisme foncier.

DES DIEUX

N° 180. On ne peut raisonnablement négliger l'opinion de Démocrite, qui, en appelant les démons simulacres, dit que l'air en est plein.

Hermippe (Jean Catrarès), *Astronomie*, I, 16, 122 [DK 68 A 78].

N° 181. Xénocrate de Chalcédoine nourrit l'espoir que même les êtres privés de raison possèdent la notion de dieu, et Démocrite sera obligé d'être, malgré lui, du même avis en conséquence de ses doctrines. C'est lui, en effet, qui a imaginé les simulacres qui, de la substance divine, parviennent à l'homme et aux êtres privés de raison[1].

Clément d'Alexandrie, *Stromates*, V, 88 [DK 68 A 79].

N° 182. N'est-il pas dans l'erreur, Démocrite, quand il compte au nombre des dieux les simulacres et leur ambiance[2], la nature qui en forme la base et qui nous les envoie, ainsi que notre connaissance et notre

1. La fiabilité de ce témoignage souffre beaucoup de la comparaison avec les n°s 180, 182 et 183 qui conduisent à voir dans les simulacres, ou dans certains d'entre eux, les dieux eux-mêmes, à la différence de la conception épicurienne.

2. Ou « leur parcours » (*circumitus*).

intelligence ? Et quand il affirme après cela que rien n'est éternel, parce que rien ne demeure toujours dans le même état, ne nie-t-il pas totalement l'existence de dieu, de sorte qu'aucune opinion s'y rapportant ne reste plus debout ? – [...]

Démocrite aussi, ce grand homme par excellence, aux sources duquel Épicure a puisé pour arroser ses petits jardins, ne semble pas avoir eu une opinion bien arrêtée sur la nature des dieux. Tandis qu'il affirme, d'une part, que l'univers est peuplé de simulacres ayant le caractère de la divinité, il soutient, d'autre part, que les principes de l'intelligence se trouvant dans l'univers sont des dieux, qu'il existe des simulacres animés qui peuvent nous être utiles ou nuisibles, qu'il y en a enfin qui sont d'une grandeur immense et si grands qu'ils embrassent par dehors tout l'univers. Toutes ces affirmations sont à vrai dire plus dignes de la patrie * de Démocrite que de Démocrite lui-même.

Cicéron, *De la nature des dieux*,
I, 12, 29 ; I, 43, 120 [DK 68 A 74].

N° 183. Démocrite soutient que certains simulacres, dont les uns sont bienfaisants, les autres malfaisants, entrent en contact avec les hommes, et il souhaite en conséquence d'en rencontrer de propices. Ils sont grands et extraordinaires, ils résistent longtemps à la mort, mais ne sont pas immortels, et ils annoncent aux hommes l'avenir en se rendant visibles et en émettant des sons. De là vient que les hommes d'autrefois, en apercevant fortuitement leur apparition, supposèrent que Dieu existe,

* On sait que les habitants d'Abdère avaient dans l'antiquité la réputation de sots.

étant donné qu'il n'y a en dehors d'eux aucun autre Dieu jouissant d'une nature immortelle.

Sextus Empiricus, *Contre les mathématiciens*, IX, 19 [DK 68 B 166].

N° 184. Démocrite croyait qu'il existe principalement deux divinités : la Peine et la Récompense.

Pline l'Ancien, *Histoire naturelle*, II, 14 [DK 68 A 76].

N° 185. Démocrite dit que Dieu est une intelligence sous la forme d'un globe de feu.

Aétius, I, 7, 16 [DK 68 A 74].

N° 186. Démocrite suppose que les dieux se sont formés en même temps que le feu céleste, auquel, selon Zénon, ils ressemblent par leur nature.

Tertullien, *Aux nations*, II, 2 [DK 68 A 74].

N° 187. Il y en a qui supposent que c'est par suite des choses surprenantes qui se produisent dans l'univers que nous sommes arrivés à la conception de dieu, et Démocrite semble être de cet avis. Car, dit-il, les hommes d'autrefois voyant les phénomènes qui se produisent dans les régions supérieures, tels que le tonnerre et les éclairs, la foudre et les comètes, les éclipses du soleil et de la lune, s'effrayèrent et crurent que des dieux en étaient la cause[1].

Sextus Empiricus, *Contre les mathématiciens*, IX, 24 [DK 68 A 75].

1. Comparer avec Lucrèce, V, 1188 *sq.*

N° 188. Certains personnages doctes lèvent leurs mains vers le lieu où nous autres Hellènes affirmons maintenant que se trouve l'air et disent : Zeus délibère sur tout avec lui-même, il sait tout, il donne et il prend, et il est le roi de tout l'Univers.

Clément d'Alexandrie, *Protreptique*, 68 ; *Stromates*, V, 103 [DK 68 B 30].

N° 189. Démocrite d'Abdère, fils de Damasippe, affirmait que l'univers est infini et qu'il flotte dans le vide. Il soutenait encore qu'un seul et unique but doit être poursuivi avant tout : c'est la joie de l'âme[1], qui est le bien suprême, les douleurs, par contre, sont des indications du mal. Ce qui paraît juste ne l'est point, et est injuste ce qui est contraire à la nature. Les lois sont une mauvaise invention, disait-il, et « le sage ne doit pas se soumettre aux lois, mais vivre librement ».

Saint Épiphane, *Contre les hérésies*, III, 2, 9 [DK 68 A 166].

1. Ou « tranquillité » (εὐθυμία). Voir le n° 307 et notre introduction, p. 23 *sq*.

RÉFLEXIONS MORALES

N° 190. De la sagesse[1] découlent ces trois vertus : bien penser, bien dire, bien agir.

Etymologicum Orionis, p. 153, 5 ; *Scolies genevoises à l'Iliade*, I, v. 111 [DK 68 B 2].

N° 191. Celui qui veut vivre content[2] ne doit pas entreprendre beaucoup d'affaires, soit privées soit publiques, ni se charger de choses qui sont au-dessus de son pouvoir et de sa nature. Et lors même que la Fortune lui sourit et semble vouloir le conduire vers les hauteurs, il fera bien de se tenir sur ses gardes et de ne pas toucher à ce qui dépasse ses capacités. Car la fortune moyenne est plus sûre que la richesse considérable.

Stobée, *Florilège*, IV, 39, 25 [DK 68 B 3].

N° 192. Mais les Abdéritains également enseignent qu'il y a une fin de la vie humaine ; Démocrite, dans son traité *De la fin*, dit qu'elle est la tranquillité[3], qu'il appelait aussi bien-être[4]. Et il ajoute souvent : Le plaisir et le désagrément constituent la norme de l'utile et du nuisible.

Clément d'Alexandrie, *Stromates*, II, 130 [DK 68 B 4].

1. En grec : φρόνησις, qui signifie également chez Démocrite pensée, conscience ou raison (voir n° 137, § 58). L'*Etymologicum Orionis* est un dictionnaire alexandrin du Ve siècle.
2. Ou « vivre dans la tranquillité ». En grec : εὐθυμεῖσθαι. Voir notre introduction, p. 23 *sq.*, et le texte suivant.
3. En grec : εὐθυμία.
4. En grec : εὐεστώ.

N° 193. La nature et l'éducation sont très voisines. L'éducation en effet transforme l'homme, et en le transformant, produit une nature [1].

Clément d'Alexandrie, *Stromates*, IV, 151 [DK 68 B 33].

N° 194. L'homme est un petit monde.

David, *Prolégomènes à Aristote*, 38, 14 ; Galien, *De l'utilité des parties du corps*, III, 10 [DK 68 B 34].

MAXIMES DE DÉMOCRATE [2]

N° 195. Si l'on écoute mes maximes avec attention, on fera beaucoup d'actions dignes d'un honnête homme, et l'on en évitera de mauvaises.

n° 1 [DK 68 B 35].

N° 196. Celui qui aspire aux biens de l'âme poursuit quelque chose de divin, mais celui qui recherche les jouissances corporelles ne possède que des biens périssables [3].

n° 3 [DK 68 B 37].

1. De même que les qualités sensibles, qui sont le fait de « conventions » humaines, correspondent à une modification d'un phénomène naturel, de même l'action humaine, et avec elle le plan anthropologique, trouve dans la nature une place qui lui est propre : l'éducation prolonge la nature sans se soustraire à ses principes. On comparera ce texte au traité hippocratique *Des airs, des eaux et des lieux*, XIV, où l'on retrouve une imbrication similaire de la nature et des réalisations proprement humaines ou « conventionnelles ».

2. Jusqu'au n° 275 inclusivement, il s'agit des « Maximes de Démocrate », *Paroles d'or du philosophe Démocrate*, éditées au XVIIe siècle et attribuées à Démocrite par suite de recoupements avec les citations de Stobée. Nous les désignons selon la numérotation de Diels-Kranz. Les maximes jugées par Diels d'authenticité trop douteuse ne sont pas retenues ici.

3. Ou « choses proprement humaines ».

N° 197. Il faut s'opposer à celui qui commet une injustice, mais si ce n'est pas possible, il faut éviter de s'en faire le complice.

n° 4 [DK 68 B 38].

N° 198. Il faut être bon ou imiter [ceux qui le sont].

n° 5 ; Stobée, *Florilège*, III, 37, 25 [DK 68 B 39].

N° 199. Ce ne sont pas les avantages du corps ni les richesses qui procurent aux hommes le bonheur, mais la droiture et la prudence.

n° 6 [DK 68 B 40].

N° 200. Ce n'est pas par crainte mais par devoir qu'il faut s'abstenir de commettre des actions coupables.

n° 7 ; Stobée, *Florilège*, III, 1, 95 [DK 68 B 41].

N° 201. C'est quelque chose de grand que d'accomplir ses devoirs dans l'infortune.

n° 8 ; Stobée, *Florilège*, IV, 44, 68 [DK 68 B 42].

N° 202. Le repentir des actions honteuses est le salut de la vie.

n° 9 [DK 68 B 43].

N° 203. Celui qui commet l'injustice est plus malheureux que celui qui la subit[1].

n° 11 [DK 68 B 45].

N° 204. C'est une marque de grandeur d'âme que de supporter avec calme une faute commise par négligence.

n° 12 ; Stobée, *Florilège*, IV, 44, 69 [DK 68 B 46].

1. Comparer avec Platon, *Gorgias*, 479 e.

N° 205. Il convient de respecter la loi, le magistrat et celui qui est le plus sage.

n° 13 ; Stobée, *Florilège*, III, 1, 45 [DK 68 B 47].

N° 206. L'homme honnête ne fait aucun cas du blâme des méchants.

n° 14 ; Stobée, *Florilège*, III, 38, 46 [DK 68 B 48].

N° 207. Il est pénible de recevoir des ordres d'un homme inférieur.

n° 15 ; Stobée, *Florilège*, IV, 4, 27 [DK 68 B 49].

N° 208. Celui qui se laisse entièrement dominer par les richesses ne peut jamais être juste.

n° 16 [DK 68 B 50].

N° 209. Une parole est souvent plus efficace que l'or pour opérer la persuasion.

n° 17 ; Stobée, *Choix de textes*, II, 4, 12 [DK 68 B 51].

N° 210. C'est perdre sa peine que de vouloir ramener à la raison celui qui s'imagine avoir de l'esprit.

n° 18 ; Stobée, *Florilège*, III, 10, 42 [DK 68 B 52].

N° 211. Beaucoup de gens qui n'ont rien appris de raisonnable vivent pourtant conformément à la raison.

n° 19 [DK 68 B 53].

N° 212. Beaucoup de gens, tout en commettant les plus honteuses actions, ne se gênent pas de débiter les plus beaux discours.

Stobée, *Choix de textes*, II, 15, 33 [DK 68 B 53 a].

N° 213. Les expériences malheureuses rendent les sots prudents.

n° 20 [DK 68 B 54].

N° 214. Il faut s'appliquer avec zèle à agir conformément à la vertu et non pas faire des discours sur elle.

n° 21 ; Stobée, *Choix de textes*, II, 15, 36 [DK 68 B 55].

N° 215. Seuls les gens bien doués sont capables de reconnaître et de rechercher avec ardeur les belles choses.

n° 22 [DK 68 B 56].

N° 216. La supériorité des bêtes de somme consiste dans la robuste constitution de leur corps, mais celle des hommes dans les bonnes dispositions de leur caractère.

n° 23 ; Stobée, *Florilège*, IV, 29, 18 [DK 68 B 57].

N° 217. Les espérances de ceux qui pensent juste peuvent être réalisées, tandis que celles des sots sont irréalisables.

n° 23 a ; Stobée, *Florilège*, IV, 46, 18 [DK 68 B 58].

N° 218. Aucun art, aucune science, ne peut être acquis sans étude.

n° 24 ; Stobée, *Choix de textes*, II, 31, 71 [DK 68 B 59].

N° 219. Il vaut mieux blâmer ses propres défauts que ceux des autres.

n° 25 ; Stobée, *Florilège*, III, 13, 46 [DK 68 B 60].

N° 220. Ceux qui ont un caractère bien équilibré mènent une vie ordonnée.

n° 26 ; Stobée, *Florilège*, III, 37, 25 [DK 68 B 61].

N° 221. Ce n'est pas encore une marque de bonté que de ne pas commettre l'injustice, il ne faut même pas en avoir l'intention.

n° 27 ; Stobée, *Florilège*, III, 9, 29 [DK 68 B 62].

N° 222. Il est beau d'applaudir aux belles actions, mais le faire en face des mauvaises est digne d'un trompeur et d'un fourbe.

n° 28 ; Stobée, *Florilège*, III, 14, 8 [DK 68 B 63].

N° 223. Beaucoup d'érudits sont privés d'intelligence.

n° 29 ; Stobée, *Florilège*, III, 4, 81 [DK 68 B 64].

N° 224. Il faut s'appliquer à penser beaucoup et non à savoir beaucoup.

n° 30 [DK 68 B 65].

N° 225. Il vaut mieux réfléchir avant d'agir qu'après.

n° 31 [DK 68 B 66].

N° 226. Il ne faut pas se fier à tous, mais à ceux seulement qui ont fait leurs preuves : la première manière est sotte, la seconde intelligente.

n° 32 [DK 68 B 67].

N° 227. Ce n'est pas seulement à leurs actes, mais aussi à leurs désirs, qu'on reconnaît l'homme estimable et l'homme vil.

n° 33 [DK 68 B 68].

N° 228. La même chose peut être bonne et vraie pour tous les hommes, mais l'un se plaît à une chose, l'autre à une autre.

n° 34 [DK 68 B 69].

N° 229. Les désirs immodérés sont dignes d'un enfant et non d'un homme.

n° 35 [DK 68 B 70].

N° 230. Les jouissances intempestives engendrent le dégoût.

n° 36 [DK 68 B 71].

N° 231. Les désirs violents pour un objet déterminé rendent l'âme aveugle pour tout le reste.

n° 37 [DK 68 B 72].

N° 232. Cet amour-là est honnête qui poursuit la beauté sans la profaner.

n° 38 ; Stobée, *Florilège*, III, 5, 23 [DK 68 B 73].

N° 233. Il faut se refuser tout plaisir qui n'est pas profitable.

n° 39 [DK 68 B 74].

N° 234. Il vaut mieux pour les sots d'être commandés que de commander.

n° 40 ; Stobée, *Florilège*, IV, 2, 13 [DK 68 B 75].

N° 235. Ce n'est pas le discours mais le malheur qui peut apprendre quelque chose aux sots.

n° 41 [DK 68 B 76].

N° 236. La gloire et la richesse sans la possession de l'intelligence sont des biens peu solides.

n° 42 ; Stobée, *Florilège*, III, 4, 82 [DK 68 B 77].

N° 237. Gagner de l'argent n'est pas chose inutile, mais si l'on y arrive par l'injustice, c'est le plus grand des maux.

n° 43 ; Stobée, *Florilège*, IV, 31, 121 [DK 68 B 78].

N° 238. Imiter les méchants et ne pas même vouloir imiter les bons est fâcheux.

n° 44 [DK 68 B 79].

N° 239. Il est honteux de se mêler indiscrètement des affaires d'autrui et de négliger les siennes propres.

n° 45 [DK 68 B 80].

N° 240. Hésiter toujours, c'est n'aboutir jamais.

n° 46 ; Stobée, *Florilège*, III, 29, 67 [DK 68 B 81].

N° 241. Ils sont faux et hypocrites ceux qui font tout avec la bouche et rien en réalité.

n° 47 [DK 68 B 82].

N° 242. L'ignorance du bien est cause qu'on commet des fautes.

n° 49 [DK 68 B 83].

N° 243. Celui qui commet une action honteuse doit avant tout rougir devant soi-même.

n° 50 [DK 68 B 84].

N° 244. Celui qui contredit et bavarde beaucoup est incapable d'apprendre ce qu'il est nécessaire de savoir.

n° 51 ; Stobée, *Choix de textes*, II, 31, 73 [DK 68 B 85].

N° 245. C'est une marque d'ambition excessive que de parler sur tout et de ne rien vouloir entendre.

n° 52 ; Stobée, *Florilège*, III, 36, 24 [DK 68 B 86].

N° 246. Il faut surveiller le méchant afin qu'il ne profite pas de l'occasion favorable.

n° 53 [DK 68 B 87].

N° 247. L'envieux se prépare à soi-même des chagrins, il est son propre ennemi.

n° 54 ; Stobée, *Florilège*, III, 38, 47 [DK 68 B 88].

N° 248. Est détestable, non pas celui qui commet une injustice, mais celui qui la commet délibérément.

n° 55 [DK 68 B 89].

N° 249. L'inimitié entre parents est beaucoup plus pénible que celle entre étrangers.

n° 56 [DK 68 B 90].

N° 250. Ne regarde pas tout le monde avec défiance, mais sois prudent et ferme.

n° 57 [DK 68 B 91].

N° 251. Il ne faut accepter les bienfaits qu'avec l'intention d'en rendre de plus grands.

n° 58 [DK 68 B 92].

N° 252. Celui qui distribue des bienfaits doit prendre garde à ce que celui qui les reçoit ne soit pas un fourbe et ne lui rende le mal pour le bien.

n° 59 [DK 68 B 93].

N° 253. De petits bienfaits accordés au moment opportun, ont pour ceux qui les reçoivent la valeur de très grands.

n° 60 [DK 68 B 94].

N° 254. Les marques d'estime ont un grand pouvoir sur les personnes animées de nobles pensées et qui ont le sentiment de l'honneur.

n° 61 [DK 68 B 95].

N° 255. Celui qui attend le retour d'un bienfait ne mérite pas le nom de bienfaiteur ; ce titre ne convient qu'à celui qui se propose uniquement de faire le bien.

n° 62 [DK 68 B 96].

N° 256. Beaucoup qui paraissent être amis ne le sont pas, et beaucoup le sont sans le paraître.

n° 63 [DK 68 B 97].

N° 257. L'amitié d'un seul homme intelligent vaut plus que celle de tous les sots.

n° 64 [DK 68 B 98].

N° 258. Celui qui ne possède même pas un seul ami noble[1] ne mérite pas de vivre.

n° 65 [DK 68 B 99].

N° 259. Celui qui ne peut pas garder longtemps des amis éprouvés est d'un caractère peu aimable.

n° 66 [DK 68 B 100].

1. Ou « dévoué ».

N° 260. Beaucoup de gens évitent leurs amis quand ceux-ci sont tombés de l'opulence dans la pauvreté.

n° 67 [DK 68 B 101].

N° 261. La juste proportion est belle en toutes choses : ni l'opulence ni l'indigence ne me paraît bonne.

n° 68 [DK 68 B 102].

N° 262. Celui qui n'aime personne ne peut, à mon avis, être aimé de personne.

n° 69 [DK 68 B 103].

N° 263. Un vieillard est aimable s'il sait combiner dans ses discours le plaisant et le sérieux.

n° 70 [DK 68 B 104].

N° 264. La beauté du corps est quelque chose d'animal si l'intelligence ne lui est pas associée.

n° 71 [DK 68 B 105].

N° 265. Trouver un ami dans la prospérité est facile, mais dans l'adversité extrêmement difficile.

n° 72 [DK 68 B 106].

N° 266. Tous les parents ne sont pas amis, mais ceux-là seulement qui ont des intérêts communs.

n° 73 [DK 68 B 107].

N° 267. Étant hommes, nous ne devons pas rire des malheurs humains, mais les déplorer.

n° 74 [DK 68 B 107 a].

N° 268. Ceux qui cherchent le bien ne le trouvent qu'avec peine, tandis que le mal leur arrive sans qu'ils le cherchent[1].

n° 75 ; Stobée, *Florilège*, IV, 34, 58 [DK 68 B 108].

N° 269. Ceux qui aiment à faire des reproches ne sont pas faits pour l'amitié.

n° 76 [DK 68 B 109].

N° 270. Il ne faut pas que la femme exerce sa langue : c'est très dangereux.

n° 77 [DK 68 B 110].

N° 271. Recevoir des ordres d'une femme est le dernier outrage pour un homme.

n° 78 ; Stobée, *Florilège*, IV, 23, 39 [DK 68 B 111].

N° 272. Inventer toujours quelque chose de beau[2] est la marque d'un esprit divin.

n° 79 [DK 68 B 112].

N° 273. Ceux qui distribuent des éloges aux sots leur nuisent beaucoup.

n° 81 [DK 68 B 113].

N° 274. Il vaut mieux être loué par les autres que se louer soi-même.

n° 82 [DK 68 B 114].

1. Ou : « tandis que le mal arrive sans qu'on le cherche. »
2. Ou plutôt : « Discerner toujours le beau… »

N° 275. Si certaines louanges te paraissent inacceptables, regarde-les comme des flatteries.

n° 83 [DK 68 B 115].

N° 276. Les hommes ont façonné l'idole[1] du hasard pour trouver une excuse à leur propre imprudence. Il est rare que le hasard fasse échec à la raison, et l'homme d'une intelligence pénétrante sait diriger à son gré la plupart des choses dans la vie.

Stobée, *Choix de textes*, II, 8, 16 [DK 68 B 119].

N° 277. La parole est l'ombre de l'action.

Plutarque, *De l'éducation des enfants*, 14, 9 F [DK 68 B 145].

N° 278. L'esprit doit s'habituer à puiser les joies en lui-même.

Plutarque, *Des progrès dans la vertu*, 10, 81 A [DK 68 B 146].

N° 279. Si tu ouvres ton intérieur, tu y trouveras un amas de toutes sortes de mauvaises passions.

Plutarque, *Quelles passions sont les pires, celles de l'âme ou celles du corps*, 2, 500 D [DK 68 B 149].

1. « Idole » rend ici εἴδωλον, ailleurs traduit par « simulacre ». La traduction veut souligner la valeur dépréciative de l'expression dans ce contexte précis. Habituellement, εἴδωλον n'a pas chez Démocrite cette connotation critique. D'après ce fragment, les hommes façonnent d'eux-mêmes une image qui, pour être fausse, n'en est pas moins réelle. La seconde partie du texte confirme la possibilité, au moins théorique, de la pratique : la volonté humaine n'est pas totalement soumise à la nécessité du hasard. Comparer avec Épicure, *Maximes capitales*, XVI.

N° 280. Il faut fuir l'occasion de plaire à ses voisins.

Plutarque, *Instructions pour ceux qui ont en charge les affaires de l'État*, 28, 821 A [DK 68 B 153].

N° 281. Dans beaucoup de choses importantes nous sommes, par la voie de l'imitation[1], les écoliers des bêtes. De l'araignée, nous avons appris à tisser et à raccommoder ; de l'hirondelle, à construire des maisons ; des oiseaux chanteurs, du cygne et du rossignol, à chanter.

Plutarque, *Quels animaux sont les plus avisés*, 20, 974 A [DK 68 B 154].

N° 282. Les hommes conçoivent chaque jour des pensées nouvelles.

Plutarque, *Vivre caché*, 5, 1129 E [DK 68 B 158].

N° 283. Démocrite, attribuant à l'âme la cause de ses malheurs, dit : Si le corps pouvait appeler l'âme en justice en raison des douleurs et des souffrances qu'il a éprouvées pendant toute sa vie, et que j'eusse à décider dans ce cas, je la condamnerais volontiers pour avoir causé son dépérissement par la négligence et son épuisement par l'ivrognerie, et pour l'avoir ruiné et tiraillé en tous sens par les voluptés ; de même que je porterais une accusation contre celui qui, s'étant servi

1. Sur l'origine imitative de la musique, voir Lucrèce, V, 1379-1381. Il s'agit d'une des nombreuses expériences par l'intermédiaire desquelles la nature instruit l'humanité. Pour une vision plus générale de l'anthropologie démocritéenne, on lira le témoignage de Diodore de Sicile, *Bibliothèque historique*, I, 7-8 [DK 68 B 5, 1]. Sur l'importance historique de cette anthropologie, consulter T. Cole, *Democritus and the Sources of Greek Anthropology*, Cleveland, Western Reserve University Press, 1967.

sans ménagement d'un instrument ou d'un outil, le laisserait dans un mauvais état[1].

Plutarque, *De la passion et de la maladie*, fgt 2 [DK 68 B 159].

N° 284. Vivre d'une façon méchante, inintelligente, impudique et impure, ce n'est pas mal vivre, mais continuellement mourir[2].

Porphyre, *De l'abstinence*, IV, 21 [DK 68 B 160].

N° 285. N'essaie pas de vouloir tout savoir, autrement tu ne sauras rien.

Stobée, *Choix de textes*, II, 1, 12 [DK 68 B 169].

N° 286. Le bonheur et le malheur résident dans l'âme.

Stobée, *Choix de textes*, II, 7, 3i [DK 68 B 170].

N° 287. La félicité ne consiste pas dans la possession de troupeaux, ni dans celle de l'or; l'âme est la demeure du démon[3].

Stobée, *Choix de textes*, II, 7, 3i [DK 68 B 171].

1. Par ses errements, l'âme est responsable, à la fois moralement et physiquement, de la dégradation du corps. La morale de Démocrite concilie donc éthique de la responsabilité et physiologie des affections (voir notre introduction, p. 23 *sq*. et les n°s 276, 286, 287, 303). On notera également la récurrence du thème du procès entre le corps et l'âme ou entre les sens et la raison (comparer avec les n°s 170 et 171).

2. Porphyre, disciple de Plotin, est un néoplatonicien de la fin du IIIe siècle. Comparer ce fragment avec Platon, *Gorgias*, 492 e *sq*. et, dans la tradition atomiste, avec Lucrèce III, 978-979; 1023.

3. Ou « esprit gardien ». Dans « félicité » (εὐδαιμωνία), il y a « démon » (δαιμών). Comparer avec Héraclite, DK 22 B 119 : « le caractère de l'homme est son démon. »

N° 288. D'où nous vient le bien, de là aussi nous vient le mal et le moyen de l'éviter. Les eaux profondes, par exemple, sont utiles dans beaucoup de circonstances et dangereuses en même temps, car on court le risque de s'y noyer. On a donc inventé le moyen de s'en défendre en apprenant à nager.

Stobée, *Choix de textes*, II, 9, 1 [DK 68 B 172].

N° 289. Du bien peut quelquefois résulter le mal pour les hommes, si l'on ne sait le diriger et le supporter avec aisance. Il n'est pas juste de considérer de telles choses comme des maux, mais comme des biens. Et l'on peut aussi, si l'on veut, se servir du bien pour écarter le mal.

Stobée, *Choix de textes*, II, 9, 2 [DK 68 B 173].

N° 290. L'homme heureux[1] est toujours porté aux actions justes et permises par la loi, il est jour et nuit joyeux, vaillant et sans souci. Mais à celui qui dédaigne la justice et ne remplit pas ses devoirs, tout cela ne cause que de l'ennui quand il se rappelle quelque faute. Il est dans l'angoisse et se tourmente soi-même.

Stobée, *Choix de textes*, II, 9, 3 [DK 68 B 174].

N° 291. Les dieux accordent toujours aux hommes tous les biens. Ils ne leur donnent jamais ce qui est mauvais, nuisible et inutile. Ce sont eux-mêmes qui vont au-devant de ces choses par suite de leur aveuglement et de leur ignorance.

Stobée, *Choix de textes*, II, 9, 4 [DK 68 B 175].

1. En grec : ὁ εὔθυμος, celui dont l'âme est tranquille. Voir n°s 191-192.

N° 292. La Fortune est prodigue mais inconstante, tandis que la nature se suffit à elle-même. C'est pourquoi elle remporte, avec ses moyens inférieurs mais sûrs, la victoire sur les grandes espérances.

Stobée, *Choix de textes*, II, 9, 5 [DK 68 B 176].

N° 293. Un excellent discours n'efface pas une mauvaise action, et une bonne action ne peut pas être souillée par la calomnie.

Stobée, *Choix de textes*, II, 15, 40 [DK 68 B 177].

N° 294. Le plus grand mal qu'on puisse faire à la jeunesse est de l'habituer à la légèreté, qui enfante cette sorte de désirs d'où découle le vice.

Stobée, *Choix de textes*, II, 31, 56 [DK 68 B 178].

N° 295. Si les enfants se laissent aller à faire n'importe quoi au lieu de travailler, ils n'apprendront ni les lettres, ni la musique, ni la gymnastique, ni ce qui sauvegarde au plus haut degré la vertu : le respect. En effet, ce dernier est communément engendré par toutes ces choses[1].

Stobée, *Choix de textes*, II, 31, 57 [DK 68 B 179].

N° 296. La culture de l'esprit sert d'ornement aux gens heureux et de refuge aux gens malheureux.

Stobée, *Choix de textes*, II, 31, 58 [DK 68 B 180].

1. On songe ici au programme éducatif de Protagoras (Platon, *Protagoras*, 325e-326c) et à sa finalité moralisatrice. Dans le mythe de Protagoras, le respect (αἰδῶς) est, avec la justice (δίκη), imposé aux hommes par Zeus afin qu'ils puissent vivre en cités. Chez Démocrite, le respect est d'abord et essentiellement respect de soi-même (voir le n° 380).

N° 297. Celui qui se sert de l'encouragement et des paroles persuasives pour former quelqu'un à la vertu, réussira manifestement mieux que celui qui met en œuvre les lois et la contrainte. Car il est probable que celui qui s'abstient de commettre l'injustice parce que la loi le lui défend péchera en cachette, tandis que celui qui a été conduit sur le chemin du devoir par la persuasion ne fera vraisemblablement rien de mauvais, ni en cachette ni publiquement. C'est pourquoi celui qui agit bien avec conscience et en connaissance de cause est en même temps un homme résolu et équitable.

Stobée, *Choix de textes*, II, 31, 59 [DK 68 B 181].

N° 298. L'instruction ne peut développer les bonnes dispositions qu'avec peine, les mauvaises, par contre, se développent d'elles-mêmes sans qu'on fasse le moindre effort. C'est pourquoi l'homme doué d'un mauvais naturel est, malgré lui, souvent forcé de mal agir[1].

Stobée, *Choix de textes*, II, 31, 66 [DK 68 B 182].

N° 299. Il y en a parmi les jeunes qui sont intelligents et parmi les vieillards qui sont sots ; ce n'est pas, en effet, le temps qui apprend à penser, mais l'éducation appropriée et la disposition naturelle.

Stobée, *Choix de textes*, II, 31, 72 [DK 68 B 183].

1. La dernière phrase est incertaine. Les termes « peine » et « effort » traduisent tous deux πόνος, un concept central de l'éthique démocritéenne.

N° 300. Être continuellement dans la société des méchants favorise les mauvais penchants.

Stobée, *Choix de textes*, II, 31, 90 [DK 68 B 184].

N° 301. Les espérances des gens cultivés valent mieux que les richesses des ignorants.

Stobée, *Choix de textes*, II, 31, 94 [DK 68 B 185].

N° 302. L'accord de sentiments engendre l'amitié.

Stobée, *Choix de textes*, II, 33, 9 [DK 68 B 186].

N° 303. Il convient aux hommes de prendre soin de leur âme plutôt que de leur corps, car l'âme parfaite redresse le mauvais état du corps, tandis que la force corporelle non accompagnée de raisonnement ne rend l'âme nullement meilleure.

Stobée, *Florilège*, III, 1, 27 [DK 68 B 187].

N° 304. Le plaisir et le désagrément déterminent la limite entre ce qui est utile et ce qui est nuisible.

Stobée, *Florilège*, III, 1, 46 [DK 68 B 188].

N° 305. Le mieux pour l'homme c'est de passer sa vie dans un état aussi joyeux que possible et de se tourmenter le moins qu'il peut. Ceci arrivera s'il ne fixe pas ses désirs sur des biens périssables.

Stobée, *Florilège*, III, 1, 47 [DK 68 B 189].

N° 306. Il faut éviter même de parler de choses viles.

Stobée, *Florilège*, III, 1, 91 [DK 68 B 190].

N° 307. Les hommes acquièrent la joie[1] par la modération dans la jouissance et par la vie sage[2]. L'indigence et l'opulence ont coutume de changer de place et causent de grands troubles dans l'âme. Or, les âmes ballottées d'un extrême à l'autre ne sont ni fermes ni joyeuses[3]. Il faut, par conséquent, fixer son esprit sur le possible, se contenter de ce qui est à notre portée, ne pas trop s'occuper des gens qui sont un objet d'envie et d'admiration et ne pas courir après eux par la pensée. Il faut plutôt diriger son regard vers ceux qui mènent une existence misérable et se représenter[4] vivement leurs souffrances, par suite de quoi le bien dont on dispose apparaîtra comme grand et enviable, et l'on ne sera plus exposé de porter dommage à son âme en désirant toujours davantage. Car celui qui admire les riches et ceux estimés très heureux par les autres hommes, et qui à chaque instant pense à eux, sera forcé de se lancer sans cesse dans quelque entreprise nouvelle et ira dans son avidité jusqu'à commettre quelque acte irréparable et défendu par les lois. C'est pourquoi il ne faut pas rechercher toutes ces choses, mais se contenter de ce qu'on a et comparer sa vie à celle des

1. En grec : εὐθυμίη. Voir notre introduction, p. 23 *sq.* et les n°s 189, 191, 192.

2. « par le bon équilibre de la vie », ou « par la bonne proportion ». À rapprocher du n° 137, § 58.

3. En grec : εὔθυμοι.

4. La tranquillité de l'âme suppose donc un certain pouvoir de modification des représentations, ce qui s'accorde parfaitement avec les aspects phénoménistes de la conception démocritéenne de la perception. Le bien n'est toutefois pas relatif (voir le n° 228) : l'âme emploie le moyen, artificiel, de la représentation sélective pour trouver l'équilibre naturel. Le thème du spectacle des malheureux préfigure le prélude du chant II de Lucrèce (v. 1-2).

gens qui sont encore plus malheureux. Et en réfléchissant à leurs souffrances, on s'estimera d'autant plus heureux[1] d'avoir un sort meilleur. Si l'on retient ce principe, on arrivera à chasser pas mal de mauvais génies dans la vie : l'envie, la haine et la malveillance.

Stobée, *Florilège*, III, 1, 210 [DK 68 B 191].

N° 308. Il est facile de louer ce qu'on ne doit pas louer, et de blâmer ce qu'on ne doit pas blâmer, mais l'un et l'autre dénotent un mauvais caractère.

Stobée, *Florilège*, III, 2, 36 [DK 68 B 192].

N° 309. C'est un signe de prudence que de savoir prévenir une injustice imminente, et c'en est un de stupidité[2] que de ne pas demander réparation d'une injustice subie.

Stobée, *Florilège*, III, 3, 43 [DK 68 B 193].

N° 310. Les grandes joies proviennent de la contemplation des belles œuvres.

Stobée, *Florilège*, III, 3, 46 [DK 68 B 194].

N° 311. Des figures magnifiquement vêtues et parées pour la vue[3], mais, hélas ! elles manquent de cœur.

Stobée, *Florilège*, III, 4, 69 [DK 68 B 195].

1. En grec : εὐθυμότερόν.
2. Ou « insensibilité ».
3. Le texte est corrompu. S'agirait-il, comme l'envisage Diels, des dieux ou des femmes ?

N° 312. L'oubli de ses propres défauts <malheurs ?> engendre l'arrogance <le courage ?>.

Stobée, *Florilège*, III, 4, 70 [DK 68 B 196].

N° 313. Les sots règlent leur vie d'après les avantages que leur offre la fortune, mais les gens qui connaissent ces avantages règlent la leur d'après ceux qu'offre la philosophie[1].

Stobée, *Florilège*, III, 4, 71 [DK 68 B 197].

N° 314. L'animal n'exige que ce qui lui est nécessaire, l'homme au contraire va au-delà.

Stobée, *Florilège*, III, 4, 72 [DK 68 B 198].

N° 315. Les sots, tout en détestant la vie, veulent pourtant vivre, par peur de l'Hadès.

Stobée, *Florilège*, III, 4, 73 [DK 68 B 199].

N° 316. Les sots vivent sans éprouver de la joie à vivre.

Stobée, *Florilège*, III, 4, 74 [DK 68 B 200].

N° 317. Les sots désirent une longue vie sans qu'ils en jouissent.

Stobée, *Florilège*, III, 4, 75 [DK 68 B 201].

N° 318. Les sots tendent toujours vers les choses absentes, mais ils gâtent les présentes, fussent-elles pour eux plus avantageuses que les passées[2].

Stobée, *Florilège*, III, 4, 76 [DK 68 B 202].

1. Ou « sagesse » (σοφία).
2. Voir Épicure, *Sentence Vaticane*, 35.

N° 319. Les hommes qui fuient la mort courent après elle[1].

Stobée, *Florilège*, III, 4, 77 [DK 68 B 203].

N° 320. Les sots, pendant toute leur vie, ne sont agréables à personne.

Stobée, *Florilège*, III, 4, 78 [DK 68 B 204].

N° 321. Les sots désirent vivre, parce que, au lieu de la vieillesse, ils craignent la mort.

Stobée, *Florilège*, III, 4, 79 [DK 68 B 205].

N° 322. Les sots, craignant la mort, désirent devenir vieux.

Stobée, *Florilège*, III, 4, 80 [DK 68 B 206].

N° 323. Il ne faut pas rechercher toutes sortes de plaisirs, mais ceux seulement qui sont nobles.

Stobée, *Florilège*, III, 5, 22 [DK 68 B 207].

N° 324. La sagesse du père est le précepte le plus efficace pour les enfants.

Stobée, *Florilège*, III, 5, 24 [DK 68 B 208].

N° 325. Pour celui qui est sobre dans ses repas, la nuit n'est jamais courte.

Stobée, *Florilège*, III, 5, 25 [DK 68 B 209].

1. Rapprocher ce fragment et les trois suivants du n° 413.

N° 326. La fortune nous procure une table somptueuse, et la tempérance une table suffisante.

Stobée, *Florilège*, III, 5, 26 [DK 68 B 210].

N° 327. La tempérance augmente les plaisirs et rend la jouissance plus intense.

Stobée, *Florilège*, III, 5, 27 [DK 68 B 211].

N° 328. Le sommeil pendant le jour dénote un trouble somatique, ou l'inquiétude, ou l'inertie, ou l'impuissance de l'âme.

Stobée, *Florilège*, III, 6, 27 [DK 68 B 212].

N° 329. Le courage atténue les coups du sort.

Stobée, *Florilège*, III, 7, 21 [DK 68 B 213].

N° 330. On ne doit pas considérer comme courageux celui seulement qui remporte la victoire sur ses ennemis, mais aussi celui qui triomphe de ses désirs. Il y en a qui gouvernent des villes en maîtres et qui sont esclaves des femmes[1].

Stobée, *Florilège*, III, 7, 25 [DK 68 B 214].

N° 331. La force de la justice consiste dans la fermeté du jugement et l'absence de crainte, l'injustice, par contre, a pour résultat la crainte du malheur.

Stobée, *Florilège*, III, 7, 31 [DK 68 B 215].

1. À rapprocher, chez Platon, de la problématique du *Lachès* et du *Gorgias*, 491d *sq.*

N° 332. La sagesse imperturbable étant la chose la plus précieuse vaut tout le reste.

Stobée, *Florilège*, III, 7, 74 [DK 68 B 216].

N° 333. Ceux-là seuls qui haïssent l'injustice sont aimés des dieux.

Stobée, *Florilège*, III, 9, 30 [DK 68 B 217].

N° 334. La richesse acquise par une profession honteuse porte, d'une façon visible, le stigmate du déshonneur.

Stobée, *Florilège*, III, 10, 36 [DK 68 B 218].

N° 335. Si le désir des richesses ne trouve pas de borne dans la satiété, il devient plus pénible que l'extrême pauvreté. Car les désirs plus vifs créent des besoins plus impérieux.

Stobée, *Florilège*, III, 10, 43 [DK 68 B 219].

N° 336. Les mauvais gains portent dommage à la vertu.

Stobée, *Florilège*, III, 10, 44 [DK 68 B 220].

N° 337. L'espoir du mauvais gain est le commencement de la perte.

Stobée, *Florilège*, III, 10, 58 [DK 68 B 221].

N° 338. L'accumulation de trop grandes richesses pour les enfants n'est qu'un prétexte par lequel on trahit sa propre cupidité.

Stobée, *Florilège*, III, 10, 64 [DK 68 B 222].

N° 339. Ce dont le corps a besoin est facilement accessible à tous, sans peine et sans fatigue. Mais les choses qui s'obtiennent péniblement et difficilement et qui affligent la vie, ce n'est pas le corps qui les désire, mais le jugement erroné.

Stobée, *Florilège*, III, 10, 65 [DK 68 B 223].

N° 340. Le désir d'acquérir toujours davantage fait qu'on perd ce qu'on a, et l'on ressemble ainsi au chien de la fable d'Ésope[1].

Stobée, *Florilège*, III, 10, 68 [DK 68 B 224].

N° 341. C'est un devoir de dire la vérité, ce qui d'ailleurs est bien plus avantageux[2].

Stobée, *Florilège*, III, 12, 13 [DK 68 B 225].

N° 342. La franchise est la caractéristique propre de l'indépendance d'esprit, mais c'est une entreprise hasardeuse que de discerner le moment opportun.

Stobée, *Florilège*, III, 13, 47 [DK 68 B 226].

N° 343. Les avares partagent le sort de l'abeille, ils amassent comme s'ils devaient vivre éternellement.

Stobée, *Florilège*, III, 16, 17 [DK 68 B 227].

N° 344. Les enfants incultes des avares ressemblent aux jongleurs qui voltigent sur des épées. Si, en retombant,

1. Voir la fable « Du chien et de son image ».

2. Solovine traduit la leçon manuscrite, adoptée par exemple par Laks-Most (D347). La leçon de Diels-Kranz donne : οὐ πολυλογέειν (« ne pas trop parler »).

ces derniers manquent de poser les pieds précisément là où il faut, ils sont perdus. Il est en effet difficile de tomber sur cet unique point, car il reste juste assez de place pour les pieds. Il en est de même des premiers. S'ils ne suivent pas l'exemple paternel de vigilance et de parcimonie, ils sont d'habitude ruinés.

Stobée, *Florilège*, III, 16, 18 [DK 68 B 228].

N° 345. Faire des économies et supporter la faim est certes une bonne chose, mais la prodigalité, au moment opportun, ne l'est pas moins. C'est à l'homme accompli d'en décider.

Stobée, *Florilège*, III, 16, 19 [DK 68 B 229].

N° 346. Une vie sans fête est une longue route sans auberge.

Stobée, *Florilège*, III, 16, 22 [DK 68 B 230].

N° 347. Celui-là est sage qui ne s'afflige pas de ce qu'il n'a pas, mais se réjouit de ce qu'il a.

Stobée, *Florilège*, III, 17, 25 [DK 68 B 231].

N° 348. Parmi les choses agréables, celles qui sont les plus rares nous procurent le plus de plaisir.

Stobée, *Florilège*, III, 17, 37 [DK 68 B 232].

N° 349. Quand on dépasse la juste mesure, les choses les plus agréables deviennent les plus désagréables.

Stobée, *Florilège*, III, 17, 38 [DK 68 B 233].

N° 350. Les hommes, dans leurs prières, implorent les dieux de leur accorder la santé, ne sachant pas que ce sont eux-mêmes qui en sont les maîtres. En agissant contre elle par leur intempérance, ils la trahissent par leurs propres passions.

Stobée, *Florilège*, III, 18, 30 [DK 68 B 234].

N° 351. Pour tous ceux qui s'adonnent aux plaisirs du ventre et qui dépassent la mesure dans le manger, le boire et l'amour, les plaisirs durent peu de temps, juste pendant qu'ils mangent et boivent, tandis que les maux qui en suivent sont considérables. Le désir des mêmes choses leur revient en effet continuellement, et quand ils obtiennent ce qu'ils demandent, la joie qu'ils en éprouvent passe rapidement. À part le plaisir éphémère, il n'y a en tout cela rien de bon, car le besoin s'en fait de nouveau sentir[1].

Stobée, *Florilège*, III, 18, 35 [DK 68 B 235].

N° 352. Il est pénible de lutter contre son cœur[2], mais la victoire dénote l'homme réfléchi.

Stobée, *Florilège*, III, 20, 56 [DK 68 B 236].

N° 353. Le goût pour les querelles[3] est déraisonnable, car, en méditant la perte de l'ennemi, on perd de vue son propre intérêt.

Stobée, *Florilège*, III, 20, 62 [DK 68 B 237].

1. La thématique de l'excès et de l'enchaînement des désirs rejoint celle du *Gorgias*, 493d *sq.*

2. Son « cœur » ou son « ardeur » ou « impulsivité » (θυμός). Voir le n° 414.

3. Le « goût pour les querelles », la φιλονικία, est un reproche adressé fréquemment par Socrate aux sophistes. Voir par exemple, *Gorgias*, 457d ; *Phédon*, 91a. Voir le n° 368.

N° 354. Celui qui se mesure avec ce qui le surpasse aboutit à la mauvaise présomption [1].

Stobée, *Florilège*, III, 22, 42 [DK 68 B 238].

N° 355. Les serments que font les coquins quand ils sont dans la nécessité, ils ne les tiennent pas dès qu'ils parviennent à se sauver.

Stobée, *Florilège*, III, 28, 13 [DK 68 B 239].

N° 356. Les peines volontaires nous rendent aptes à supporter plus facilement les involontaires.

Stobée, *Florilège*, III, 29, 63 [DK 68 B 240].

N° 357. L'effort continu devient plus facile par l'habitude.

Stobée, *Florilège*, III, 29, 64 [DK 68 B 241].

N° 358. La plupart des gens n'étant pas capables de nature le deviennent par l'exercice [2].

Stobée, *Florilège*, III, 29, 66 [DK 68 B 242].

N° 359. Toutes les peines sont plus agréables que le repos quand on atteint le but, ou quand on est sûr de l'atteindre. Mais quand on subit un échec, tout effort est également pénible et fatigant.

Stobée, *Florilège*, III, 29, 88 [DK 68 B 243].

1. Ou « réputation ».

2. Ce fragment, à la suite des deux précédents, n'est pas sans faire penser à l'éloge de l'effort et du travail que le sophiste Prodicos prête à Vertu venant à la rencontre d'Héraklès (Xénophon, *Mémorables*, II, 1, 21-24 [DK 84 B 2]). Prodicos, élève de Protagoras (qui lui-même fréquenta Démocrite), est présenté par la *Suda* comme un contemporain de notre auteur [DK 84 A 1].

N° 360. Garde-toi, même quand tu es seul, de dire ou de faire ce qui est mal, mais apprends à te sentir plus honteux devant toi-même que devant les autres.

Stobée, *Florilège*, III, 31, 7 [DK 68 B 244].

N° 361. Les lois n'empêcheraient personne de vivre à sa guise, si les hommes ne se maltraitaient pas mutuellement. L'envie est, en effet, la source de la discorde.

Stobée, *Florilège*, III, 38, 53 [DK 68 B 245].

N° 362. Le séjour à l'étranger apprend à se suffire à soi-même. Un morceau de pain d'orge et un lit de paille sont les remèdes les plus doux contre la faim et la fatigue.

Stobée, *Florilège*, III, 40, 6 [DK 68 B 246].

N° 363. La terre tout entière est ouverte à l'homme sage, car la patrie d'une âme élevée, c'est l'Univers.

Stobée, *Florilège*, III, 40, 7 [DK 68 B 247].

N° 364. La loi se propose de rendre la vie des hommes meilleure. Elle ne peut y arriver que s'ils ont eux-mêmes le désir d'être heureux ; c'est en effet à ceux qui la suivent qu'elle prouve la vertu qui lui est propre.

Stobée, *Florilège*, IV, 1, 33 [DK 68 B 248].

N° 365. La guerre civile est funeste aux deux partis ; elle cause la ruine des vainqueurs aussi bien que des vaincus.

Stobée, *Florilège*, IV, 1, 34 [DK 68 B 249].

N° 366. Ce n'est que par l'union qu'on peut mener à bien les grandes choses et les guerres, autrement non.

Stobée, *Florilège*, IV, 1, 40 [DK 68 B 250].

N° 367. La pauvreté dans une démocratie est autant préférable au soi-disant bonheur chez les despotes, que la liberté l'est à la servitude.

Stobée, *Florilège*, IV, 1, 42 [DK 68 B 251].

N° 368. Les intérêts de l'État doivent être placés au-dessus de tout, afin qu'il soit bien gouverné. Il ne faut pas se laisser aller aux querelles contre toute équité, ni se permettre une violence contre le bien commun. Car un État bien gouverné est l'abri le plus sûr, il contient tout en soi. S'il est sauf, tout est sauf, et s'il est ruiné, tout est ruiné.

Stobée, *Florilège*, IV, 1, 43 [DK 68 B 252].

N° 369. Il n'est pas avantageux pour les bons citoyens de s'occuper des affaires des autres en négligeant les leurs propres, qui ne manqueront pas d'aller mal. Mais si quelqu'un néglige les affaires publiques, il aura une mauvaise réputation, même s'il ne se rend coupable ni de vol ni d'injustice. Car même celui qui n'est ni négligent, ni coupable, est exposé à être blâmé et à souffrir. Il est, hélas ! inévitable de commettre des fautes, mais il n'est pas facile de se les faire pardonner par les hommes.

Stobée, *Florilège*, IV, 1, 44 [DK 68 B 253].

N° 370. Plus les mauvais citoyens qui arrivent aux places élevées sont indignes de les occuper, plus ils sont négligents et enflés de sottise et de présomption.

Stobée, *Florilège*, IV, 1, 45 [DK 68 B 254].

N° 371. Si les riches pouvaient se résoudre à faire une avance à ceux qui ne possèdent rien, à les aider et à leur témoigner de la bienveillance, il en résulterait bientôt la pitié, la solidarité, la camaraderie, le secours mutuel, la concorde entre les citoyens, et tant d'autres biens que personne ne serait capable de les énumérer.

Stobée, *Florilège*, IV, 1, 46 [DK 68 B 255].

N° 372. La justice veut qu'on accomplisse ses devoirs, l'injustice, par contre, qu'on ne les accomplisse pas, mais qu'on s'en détourne.

Stobée, *Florilège*, IV, 2, 14 [DK 68 B 256].

N° 373. À la question, s'il est permis de tuer les animaux ou non, on peut répondre ceci : celui qui tue des animaux qui sont nuisibles, ou qui ont tendance à l'être, doit rester impuni, et il vaut mieux, pour l'utilité générale, le faire que ne pas le faire.

Stobée, *Florilège*, IV, 2, 15 [DK 68 B 257].

N° 374. Tout ce qui nous cause un dommage contre toute justice doit être supprimé à tout prix. Celui qui le fait jouira, dans tout État, de plus de tranquillité, de justice, d'assurance et de fortune.

Stobée, *Florilège*, IV, 2, 16 [DK 68 B 258].

N° 375. Comme on édicte des lois contre les bêtes malignes et les reptiles pernicieux, on devrait le faire aussi, me semble-t-il, contre certains hommes. D'après les lois coutumières, on devrait tuer l'homme dangereux dans tout État où la loi ne le défend pas. Mais quelques sanctuaires nationaux, certains traités et engagements défendent à chacun de le faire [illégalement].

Stobée, *Florilège*, IV, 2, 17 [DK 68 B 259].

N° 376. Celui qui tue un brigand ou un pirate, qu'il le fasse de sa main, ou par le ministère d'un autre, ou en vertu d'une décision judiciaire, doit rester impuni.

Stobée, *Florilège*, IV, 4, 27 [DK 68 B 260].

N° 377. Il faut défendre de toutes ses forces ceux qui souffrent l'injustice et ne pas la laisser s'accomplir. Une telle attitude est juste et courageuse, tandis que l'attitude contraire est injuste et lâche.

Stobée, *Florilège*, IV, 5, 43 [DK 68 B 261].

N° 378. Ceux qui commettent des actes qui méritent le bannissement, ou l'emprisonnement, ou le châtiment, doivent être condamnés et non pas absous. Celui qui les absout contre la loi, en s'y laissant déterminer par le gain ou par son bon plaisir, commet une injustice, ce qui ne manquera pas de lui peser sur le cœur.

Stobée, *Florilège*, IV, 5, 44 [DK 68 B 262].

N° 379. Celui qui distribue les hautes récompenses à ceux qui les méritent le plus, participe au plus haut degré à la justice et à la vertu.

Stobée, *Florilège*, IV, 5, 45 [DK 68 B 263].

N° 380. Il ne faut pas avoir plus honte devant les autres que devant soi-même, et il faut aussi peu faire le mal quand personne ne le voit que quand tout le monde le voit. C'est plutôt devant soi-même qu'il faut rougir le plus et graver cette loi dans son âme : ne fais rien d'inconvenant[1].

Stobée, *Florilège*, IV, 5, 46 [DK 68 B 264].

N° 381. Les hommes se souviennent mieux des fautes que des actes honnêtes, et il est bon qu'il en soit ainsi. En effet, comme il ne faut pas louer celui qui rend les biens qu'on lui a confiés et qu'on doit blâmer et punir celui qui ne les rend pas, ainsi [faut-il procéder à l'égard] du magistrat. Car il n'a pas été élu pour qu'il agisse mal, mais pour qu'il agisse bien.

Stobée, *Florilège*, IV, 5, 47 [DK 68 B 265].

N° 382. Il n'existe aucun moyen dans la constitution actuelle qui mette les magistrats, même s'ils sont tout à fait honnêtes, à l'abri de l'injustice. Car il n'est pas naturel que le magistrat soit responsable envers les autres, il ne doit l'être qu'envers lui-même...* et il ne faut pas qu'il soit sous la dépendance des autres.

Stobée, *Florilège*, IV, 5, 48 [DK 68 B 266].

N° 383. L'homme supérieur est par la nature destiné à commander.

Stobée, *Florilège*, IV, 6, 19 [DK 68 B 267].

N° 384. La crainte engendre la flatterie et nullement la bienveillance.

Stobée, *Florilège*, IV, 7, 13 [DK 68 B 268].

1. L'*euthumia* conduit au respect de soi-même. Démocrite radicalise ainsi une valeur grecque traditionnelle en intériorisant la norme de l'action. Comme l'écrit Ch. H. Kahn (« Democritus on moral

N° 385. La hardiesse est le commencement de l'action, mais c'est la fortune qui décide du résultat.

Stobée, *Florilège*, IV, 10, 28 [DK 68 B 269].

N° 386. Il faut se servir des domestiques comme des membres de notre corps, en employant chacun à une fonction déterminée.

Stobée, *Florilège*, IV, 19, 45 [DK 68 B 270].

N° 387. Aphrodite seule apaise la bouderie amoureuse.

Stobée, *Florilège*, IV, 20, 33 [DK 68 B 271].

N° 388. Quand on a de la chance avec son gendre, on a trouvé un fils, mais quand on est mal tombé, on perd sa fille par-dessus le marché.

Stobée, *Florilège*, IV, 22, 108 [DK 68 B 272].

N° 389. La femme est beaucoup plus prompte à la malveillance que l'homme.

Stobée, *Florilège*, IV, 22, 199 [DK 68 B 273].

N° 390. C'est un ornement pour la femme que de parler peu, et ce qui est encore beau en elle, c'est la simplicité dans la parure.

Stobée, *Florilège*, IV, 23, 38 [DK 68 B 274].

* Lacune dans le texte.

psychology », *Actes du Congrès Xanthi*, 1984, I, p. 315 ; nous traduisons) : « Démocrite propose une loi intérieure pour la *psychè* qui est une anticipation presque littérale de la conception kantienne de la loi morale comme autonomie ou auto-législation. »

N° 391. L'éducation des enfants est une chose pleine d'incertitude. Si elle réussit, on n'a pu y arriver que grâce à beaucoup d'efforts et de soucis, et si elle ne réussit pas, le chagrin qu'on en éprouve n'est comparable à aucun autre.

Stobée, *Florilège*, IV, 24, 29 [DK 68 B 275].

N° 392. Il n'est pas nécessaire, à mon avis, de procréer des enfants, car je vois dans la possession d'une progéniture de nombreux et grands dangers et beaucoup de soucis, tandis que les bienfaits en sont peu nombreux, menus et faibles.

Stobée, *Florilège*, IV, 24, 31 [DK 68 B 276].

N° 393. Celui qui éprouve le désir d'avoir un enfant fera mieux, à mon sens, de le choisir parmi ceux de ses amis. De cette façon, il pourra en avoir un comme il le souhaite, car son choix est entièrement libre. Et l'enfant qui paraît lui convenir aura pour lui, naturellement, l'attachement le plus vif. Il y a encore la différence suivante : tandis qu'en choisissant parmi plusieurs on peut trouver un enfant tel qu'on le désire, on s'expose, quand on en enfante un soi-même, à beaucoup de risques, car on est obligé de le prendre tel qu'il est.

Stobée, *Florilège*, IV, 24, 32 [DK 68 B 277].

N° 394. Les hommes paraissent considérer la procréation comme une nécessité imposée par la nature et par un vieil ordre social, et il est évident que les autres êtres aussi s'y conforment. Car tous, obéissant à la nature, engendrent des petits sans avoir en vue un avantage quelconque. Quand ils viennent au monde, on peine et on les soigne dans la mesure du possible ; tant qu'ils sont petits, on est toujours dans l'inquiétude, et s'il leur arrive quelque chose, on est dans l'affliction. Telle est la disposition naturelle des êtres qui possèdent une âme. Chez l'homme, par contre, s'est déjà établie la coutume de tirer profit de son rejeton.

Stobée, *Florilège*, IV, 24, 33 [DK 68 B 278].

N° 395. Il faut, dans la mesure du possible, partager sa fortune entre ses enfants, et veiller en même temps à ce qu'ils ne fassent rien de nuisible quand ils en ont pris possession. Ils deviendront de la sorte plus ménagers de leurs biens et déploieront plus de zèle pour en acquérir de nouveaux en rivalisant ensemble. Car, dans la vie en commun, les dépenses ne sont pas aussi douloureuses que lorsqu'on fait ménage à part, mais les profits réalisés nous réjouissent aussi beaucoup moins.

Stobée, *Florilège*, IV, 26, 25 [DK 68 B 279].

N° 396. Il est possible de donner de l'instruction à ses enfants sans trop diminuer ses biens, et d'élever ainsi autour de leur fortune et de leur personne une muraille de défense.

Stobée, *Florilège*, IV, 26, 26 [DK 68 B 280].

N° 397. Comme le cancer est de toutes les tumeurs la plus maligne, ainsi en est-il de la possession quand on s'approprie le bien voisin *.

Stobée, *Florilège*, IV, 31, 49 [DK 68 B 281].

* Texte très altéré.

N° 398. L'emploi intelligent de son argent permet d'être libéral et utile au peuple, tandis que l'emploi inintelligent est une largesse sans profit pour le bien commun.

Stobée, *Florilège*, IV, 31, 120 [DK 68 B 282].

N° 399. Pauvreté, richesse : des mots pour l'indigence et l'abondance. Celui, par conséquent, qui manque de quelque chose n'est pas riche, et celui qui ne manque de rien n'est pas pauvre.

Stobée, *Florilège*, IV, 33, 23 [DK 68 B 283].

N° 400. Si tu ne désires pas beaucoup, le peu te paraîtra copieux, car le désir modéré rend la pauvreté aussi puissante que la richesse[1].

Stobée, *Florilège*, IV, 33, 24-25 [DK 68 B 284].

N° 401. Il faut se pénétrer de l'idée que la vie humaine est fragile et de courte durée, qu'elle est troublée par beaucoup de malheurs et de difficultés, en sorte qu'il faut administrer seulement une fortune moyenne et limiter les grands efforts aux choses strictement nécessaires.

Stobée, *Florilège*, IV, 34, 65 [DK 68 B 285].

N° 402. Heureux celui qui, tout en ne possédant qu'une fortune modeste, est joyeux[2], et malheureux celui qui, tout en étant très riche, est découragé.

Stobée, *Florilège*, IV, 39, 17 [DK 68 B 286].

1. Comparer avec Épicure, *Sentence vaticane* 25.
2. En grec : εὐθυμεόμενος.

N° 403. La pauvreté commune est plus pénible que celle que chacun supporte isolément, car il ne reste alors aucun espoir de secours.

Stobée, *Florilège*, IV, 40, 20 [DK 68 B 287].

N° 404. La maison et la vie sont aussi bien affligées de maladies que le corps.

Stobée, *Florilège*, IV, 40, 21 [DK 68 B 288].

N° 405. C'est une marque d'irréflexion que de ne pas s'accommoder des nécessités de la vie.

Stobée, *Florilège*, IV, 44, 64 [DK 68 B 289].

N° 406. Le chagrin qu'une âme engourdie n'arrive pas à maîtriser doit être chassé par le raisonnement.

Stobée, *Florilège*, IV, 44, 67 [DK 68 B 290].

N° 407. C'est le propre du sage de supporter la pauvreté avec dignité.

Stobée, *Florilège*, IV, 44, 70 [DK 68 B 291].

N° 408. Les espérances des sots sont déraisonnables.

Stobée, *Florilège*, IV, 46, 19 [DK 68 B 292].

N° 409. Ceux qui se réjouissent des malheurs de leurs semblables ne s'aperçoivent pas que tout le monde est exposé aux coups du sort; ils sont aussi privés de joie propre.

Stobée, *Florilège*, IV, 48, 10 [DK 68 B 293].

N° 410. La force et la beauté physique sont les avantages de la jeunesse, tandis que la beauté de la sagesse est le propre de la vieillesse.

Stobée, *Florilège*, IV, 50, 20 [DK 68 B 294].

N° 411. Le vieillard était jadis jeune, mais il est incertain si le jeune homme atteindra la vieillesse ; c'est pourquoi le bien réalisé est préférable au bien futur et incertain.

Stobée, *Florilège*, IV, 50, 22 [DK 68 B 295].

N° 412. La vieillesse est une mutilation de tout l'être : on possède bien tous les organes, mais dans un état imparfait[1].

Stobée, *Florilège*, IV, 50, 76 [DK 68 B 296].

N° 413. Certaines gens qui ne savent rien de la dissolution de notre nature mortelle, mais qui ont conscience de leur mauvaise conduite dans la vie, sont tourmentés, pendant toute leur existence, par des troubles et des craintes en forgeant des fables mensongères sur la vie après la mort[2].

Stobée, *Florilège*, IV, 52, 40 [DK 68 B 297].

N° 414. Retiens soigneusement la colère qui naît dans ta poitrine et prends garde de ne pas troubler ton âme ; ne laisse pas non plus ta langue décider de tout[3].

Démétrius Lacon, *De la poésie*, II, 20 ;
Papyrus d'Herculanum 1014 [DK 68 B 298a].

1. Ou plus simplement : « elle possède tout, mais tout lui manque. »

2. Voir Épicure, *Lettre à Ménécée*, § 125 ; Lucrèce, III, 978-1076. Lucrèce loue ailleurs Démocrite pour être allé lui-même, comme Épicure, au-devant de la mort (*De la* nature, III, 1039).

3. Démétrius est un épicurien de la fin du IIe siècle av. J.-C., maître de Philodème. L'état du papyrus rend le texte assez incertain.

LEUCIPPE

N° 415. Leucippe d'Abdère, l'auditeur de Zénon d'Élée, a, le premier, fait la découverte des atomes.

Pseudo-Galien, *Histoire de la philosophie*, 3 [DK 67 A 5].

N° 416. (30) Leucippe était d'Élée ; certains affirment qu'il était d'Abdère, d'autres de Milet. Il fut élève de Zénon.

Il soutenait que les choses sont innombrables et qu'elles se transforment les unes dans les autres. L'univers est du vide et une abondance de corps. La naissance des mondes est due à la chute des corps dans le vide et à leur entrelacement. Lorsque le nombre des corps s'accroît, il naît de leur mouvement le monde stellaire. Le soleil se meut dans un cercle plus grand autour de la lune. La terre se tient dans l'espace en tournant autour de son centre, sa forme est celle d'un tambour. Il est le premier à avoir affirmé que les atomes sont les principes des choses. Telles sont ses affirmations générales. En ce qui concerne les détails, voici ce qu'il dit.

(31) L'univers est infini, ce qu'il a déjà affirmé plus haut. Il est composé de plein et de vide, qu'il appelle éléments constitutifs ; c'est d'eux que naissent les mondes innombrables et c'est en eux qu'ils se résolvent.

Les mondes naissent de la manière suivante. Un grand nombre de corps de formes variées se meuvent, en se détachant de l'infini, vers le grand vide[1]. En se rassemblant, ils produisent un unique tourbillon[2], qui fait qu'ils se heurtent les uns contre les autres, décrivent les tours les plus variés et se séparent de telle façon que le semblable se rapproche du semblable.

Ne pouvant plus, à cause de leur grand nombre, se mouvoir circulairement en équilibre[3], les corps subtils se répandent vers le vide extérieur, comme s'ils étaient tamisés, tandis que les autres y restent, se resserrent en s'entrelaçant et constituent le premier assemblage de forme sphérique. (32) De celui-ci se détache une espèce d'enveloppe mince qui contient en elle des corps de toute sorte.

Lorsque, par suite de la résistance exercée par le centre, ceux-ci exécutent un mouvement de rotation, la membrane enveloppante s'amincit, étant donné que les corps contigus confluent toujours dès qu'ils entrent en contact avec le tourbillon. Et c'est de cette façon que s'est formée la terre, c'est-à-dire par le fait que les particules qui avaient été portées vers le centre y restèrent réunies. La membrane enveloppante s'épaissit à son tour grâce aux corps qui affluent de l'extérieur et, entraînée par le tourbillon, elle s'empare de tout ce qu'elle touche. Certains de ces corps s'entrelacent et forment un assemblage qui, humide d'abord et limoneux, se dessèche

1. Dans l'infini du vide où les atomes, en nombre illimité, se meuvent en tous sens, se délimite une section dans laquelle se forme un monde.

2. « tourbillon » : δίνη.

3. Le texte semble vouloir dire que l'agrégation déséquilibre le mouvement et la position respective des corps.

ensuite ; il est emporté par le tourbillon de l'ensemble et engendre, en s'enflammant, le monde stellaire.

(33) L'orbite du soleil est la plus extérieure, celle de la lune est la plus proche de la terre, tandis que celles des autres corps célestes sont situées entre les deux. Toutes les étoiles s'allument par suite de la rapidité de leurs mouvements, c'est à elles que le soleil doit son feu. La lune en reçoit une faible part. Le soleil et la lune subissent des éclipses… L'obliquité du zodiaque est due à l'inclinaison de la terre vers le sud. Les régions du nord sont perpétuellement battues par la neige, elles sont très froides et couvertes de glace. Le soleil s'éclipse rarement, la lune par contre fréquemment, à cause de l'inégalité de leurs orbites. De même que le monde naît, il s'accroît, diminue et disparaît, conformément à une nécessité dont il n'explique pas la nature.

Diogène Laërce, IX, 30-33 [DK 67 A 1].

N° 417. (1) Le monde s'est constitué en prenant une forme courbe, ce qui s'est produit de la façon suivante. Le mouvement des atomes étant irréfléchi et fortuit, et leur déplacement incessant et très rapide, beaucoup d'entre eux se sont réunis en un même lieu, d'où résulta une grande variété de formes et de grandeurs. (2) Après s'être ainsi rassemblés, ceux qui étaient plus gros et plus pesants se placèrent tout à fait en bas, tandis que ceux qui étaient petits, ronds, polis et glissants furent pressés, lors de la rencontre des atomes, et portés vers le haut. Mais lorsque la force d'impulsion qui les soulevait cessa, que la poussée vers le haut n'avait plus lieu et qu'ils étaient aussi empêchés de descendre, ils se pressèrent vers les lieux qui pouvaient les recevoir, c'est-à-dire les espaces environnants. Et la masse des atomes vint épouser leur courbure; puis, ces derniers s'entrelaçant suivant cette courbure, le ciel prit naissance. (3) Les atomes de cette espèce étant variés, comme on l'a déjà dit, ils constituèrent, lorsqu'ils furent repoussés vers les régions supérieures, la nature des astres.

La grande quantité de corps qui monta sous forme d'exhalaisons frappa l'air et le comprima. Celui-ci s'étant par son mouvement transformé en vent enveloppa les astres, les entraîna avec soi et leur imprima le mouvement circulaire dans la région supérieure qui dure encore maintenant. Ensuite, des corps affaissés naquit la terre, et de ceux qui montaient vers le haut se formèrent le ciel, le feu et l'air. (4) Et comme il y avait encore beaucoup de matière dans la terre, que les souffles des vents et les exhalaisons des astres solidifiaient, toute sa surface formée de petites particules se condensait et donna naissance à la substance humide. Celle-ci se porta, en conséquence de sa fluidité, vers les lieux creux capables de la recevoir et de la contenir, ou bien, se déposant d'elle-même, elle creusa le sol sous-jacent. Voilà de quelle façon se formèrent les principales parties du monde.

Aétius, I, IV, 1-4 [DK 67 A 24].

N° 418. Leucippe d'Élée ou de Milet (les deux origines lui sont également attribuées), après s'être adonné à la philosophie dans la société de Parménide, ne suivit pas le même chemin que celui-ci et Xénophane au sujet des êtres, mais s'engagea, à ce qu'il paraît, dans une voie tout à fait opposée. En effet, tandis que ces philosophes regardaient l'Univers comme un, immobile, incréé et fini, et ne consentaient même pas à examiner la question du non-être, Leucippe posa les atomes comme éléments infinis se mouvant éternellement, dont les formes sont aussi en nombre infini, parce qu'il n'y a pas de raison pour que l'une existe plutôt que l'autre, et parce qu'il a constaté que la naissance et le changement ont lieu, dans le monde des êtres, d'une manière continuelle.

L'être n'est en outre rien de plus que le non-être, et tous les deux sont au même degré cause de tout ce qui arrive à l'existence. Et après avoir supposé que la substance des atomes est compacte et pleine, il disait qu'ils constituent l'être et qu'ils sont transportés dans le vide, lequel il appela non-être et considéra comme n'étant pas moindre que l'être. Son compagnon Démocrite posa pareillement comme principes le plein et le vide.

Simplicius, *Commentaire sur la Physique d'Aristote*, 28, 4 [DK 67 A 8].

N° 419. Leucippe, le compagnon de Zénon, n'a pas gardé la doctrine de ce dernier, mais affirmait qu'il existe des éléments en nombre infini et se mouvant éternellement, et que la naissance et le changement ont lieu d'une façon continuelle. Les éléments sont le plein et le vide. (2) Les mondes naissent de la manière suivante. Lorsque beaucoup de corps venant de l'enveloppe [du monde][1] s'accumulent et affluent vers un grand vide, il se produit après leur collision ceci que ceux d'entre eux qui ont la même forme et des formes semblables s'unissent et, en s'enchevêtrant, donnent naissance aux astres. L'accroissement et la diminution sont dues à la nécessité, mais, quant à la nature de cette dernière, il ne donne aucune explication.

Hippolyte, *Réfutation de toutes les hérésies*, I, 12 [DK 67 A 10].

1. Ou : « venant de l'espace environnant. »

N° 420. Leucippe, qui s'égare assurément, dit que les principes sont les éléments minimes, qui sont infinis en nombre et qui se meuvent éternellement [1]. Les subtils, en se répandant vers le haut, deviennent feu et air, tandis que les gros qui restent en bas deviennent eau et terre.

Hermias, *Satire des philosophes païens*, 12 [DK 67 A 17].

N° 421. Quelques-uns, comme, par exemple, Leucippe et Platon, supposent que l'acte est éternel, parce que, disent-ils, le mouvement est éternel. Mais ils ne disent ni pourquoi le mouvement est, ni ce qu'il est, ni, s'il s'effectue de telle ou telle façon, quelle en est la cause.

Aristote, *Métaphysique*, Λ, 6, 1071 b 31 [DK 67 A 18].

N° 422. Leucippe affirme que la terre incline vers les régions du Midi, à cause de leur porosité ; les régions boréales étant au contraire solidifiées par l'action du froid, les régions opposées étant réchauffées.

Aétius, III, 12, 1 [DK 67 A 27].

N° 423. Le sperme est, d'après Leucippe et Zénon, un corps, car il est détaché de l'âme.

Aétius, V, 4, 1 [DK 67 A 35].

N° 424. Le sommeil se produit, dit Leucippe, quand la matière subtile qui s'échappe du corps est supérieure à la chaleur vitale qui y pénètre. Quand l'élimination est abondante, elle détermine la mort. L'un et l'autre affectent le corps et non l'âme.

Aétius, V, 25, 3 [DK 67 A 34].

1. Ou encore : « dit que les principes sont tous ces atomes, en nombre illimité, se mouvant éternellement, et d'une infime petitesse. »

N° 425. Leucippe dit que l'âme est constituée de feu.

Aétius, IV, 3, 7 [DK 67 A 28].

N° 426. Leucippe de Milet, selon d'autres d'Élée, est lui aussi un éristique. Il affirme que l'univers est infini, que toutes les choses sont fonction de l'imagination et de l'opinion, et que rien n'est conforme à la vérité, mais se manifeste de la même manière que la rame immergée dans l'eau [1].

Saint Épiphane, *Contre les hérésies*, III, 2, 9 [DK 67 A 33].

N° 427. Lycos le péripatéticien dit que notre but est d'obtenir la véritable joie de l'âme, comme l'est celle, d'après Leucime (Leucippe ?), qu'on éprouve à la suite de belles actions.

Clément d'Alexandrie, *Stromates*, II, 129 [DK 67 A 37].

N° 428. Toutes les choses sont, d'après Leucippe, produites par la nécessité, qui est le destin. Il dit, en effet, dans son ouvrage *Sur l'esprit* : « Rien n'arrive à l'existence sans cause, mais tout a une raison déterminée et est dû à la nécessité. »

Aétius, I, 25, 4 [DK 67 B 2].

1. Qui paraît brisée.

DOSSIER

DÉMOCRITE, LES ÉPICURIENS ET LES SCEPTIQUES

Nous proposons dans ce dossier des textes témoignant de l'influence de Démocrite dans l'Antiquité, notamment sur l'épicurisme. Ce mouvement nourrit à son égard, tout au long de son histoire, des sentiments ambivalents. Épicure reconnaît implicitement le caractère historiquement fondateur de la physique démocritéenne, tout en lui reprochant de soumettre toutes choses à une aveugle nécessité (voir D. 5). Il reprend ses propositions fondamentales, mais cherche leur confirmation dans les phénomènes (D. 1). Contre Démocrite, la physique épicurienne établit qu'il n'y a pas un nombre strictement infini de formes atomiques et que les atomes ont des parties (D. 1 et D. 4). La théorie du *clinamen*, qui apparaît dans des textes plus tardifs, constitue par rapport à la philosophie d'Abdère une innovation décisive (D. 6 et D. 7). La vision résulte d'un afflux direct de simulacres et ne s'explique plus par une réflexion d'image dans l'air intermédiaire (D. 9).

Colotès, fervent disciple d'Épicure, rédige, autour de 260 av. J.-C. un traité contre le scepticisme intitulé *Sur le fait que la conformité avec les thèses des autres philosophes rend la vie impossible*. Tous les philosophes non épicuriens sont visés par cette critique, mais Démocrite est attaqué en premier (D. 14-D. 15). L'image d'un

Démocrite sceptique ne tient donc pas uniquement à l'influence qu'il aurait exercée sur Pyrrhon et la tradition sceptique ultérieure, mais également à la critique épicurienne.

L'épicurisme romain du Ier siècle avant J.-C., essentiellement illustré dans le corpus dont nous disposons par Lucrèce (98-55 av. J.-C.) et Philodème de Gadara, apporte toutefois de sensibles nuances à cette polémique. Lucrèce se fait l'écho des critiques formulées par Épicure, mais il qualifie certains écrits de Démocrite de « conceptions sublimes » ou de « sentences divines » (voir texte n° 81). Philodème, sans doute plus ouvert que le fondateur du Jardin aux connaissances positives et à la culture, invoque l'autorité de Démocrite pour l'ampleur de ses recherches dans le domaine des sciences de la nature (voir texte n° 178).

Enfin, au IIe siècle après J.-C., l'inscription de Diogène d'Œnoanda montre la persistance de cette attitude ambivalente (D. 3) et apporte un important témoignage sur la question des simulacres (D. 10-13).

La physique et l'éthique

D. 1

Il faut voir, tout d'abord, que rien ne naît du non-être, car tout naîtrait de tout, sans jamais requérir aucune semence en supplément. [39] Et si d'autre part ce qui disparaît se détruisait et passait dans le non-être, toutes les choses seraient anéanties, puisque ce dans quoi elles se décomposeraient n'est pas. De plus, le tout a toujours été tel qu'il est maintenant, et il sera toujours tel. En effet, il n'y a rien en quoi il change. En dehors du tout, en effet, il n'y a rien qui, étant passé en lui, produirait le changement.

Mais, en outre, le tout est <corps et vide>. Car que les corps soient, la sensation elle-même l'atteste dans tous les cas, et c'est à elle qu'il faut se référer pour faire, par raisonnement, des conjectures sur le non manifeste, comme [40] je l'ai déjà dit auparavant. Si, d'autre part, il n'y avait pas ce que nous appelons 'vide', 'place' et 'nature intangible', il n'y aurait nul endroit où les corps pourraient être, ni au travers duquel ils pourraient se mouvoir, comme il apparaît clairement qu'ils le font. En dehors d'eux, on ne saurait même concevoir aucune des choses – ni par saisie directe ni par analogie avec ce qui est directement saisi – que l'on tient pour des natures complètes, par opposition à ce que nous appelons des accidents ou des propriétés de ces natures.

De plus, parmi les corps, les uns sont [41] des composés et les autres ceux dont les composés sont faits. Or ces seconds corps sont insécables et immuables, puisque tout n'est pas voué à se détruire dans le non-être, et que ce qui résiste subsiste dans la dissolution des composés, ayant une nature pleine et ne pouvant être dissous en quelque endroit ni de quelque manière que ce soit. De sorte que les principes sont nécessairement des natures insécables constitutives des corps.

Mais, en outre, le tout est illimité. Ce qui est délimité a en effet une extrémité ; or ce qui a une extrémité est vu à côté de quelque chose d'autre. De sorte que, n'ayant pas d'extrémité, il n'a pas de limite ; or, n'ayant pas de limite, il sera illimité et non pas délimité.

De plus, c'est par le nombre des corps que le tout est illimité [42], ainsi que par la grandeur du vide. Si en effet le vide était illimité et les corps, de leur côté, en nombre défini, les corps ne demeureraient nulle part, mais seraient emportés, dispersés au travers du vide illimité, ne trouvant rien qui puisse, par le jeu des chocs, les soutenir ni les arrêter. Et si le vide était limité, les corps en nombre illimité n'auraient aucun endroit dans lequel ils puissent trouver place.

En plus de cela, ceux des corps qui sont insécables et compacts, à partir desquels les composés sont engendrés et auxquels les réduit leur dissolution, ne peuvent être saisis globalement, à cause de leurs différences de formes ; il n'est pas possible en effet que tant de différences naissent des mêmes formes saisies dans leur globalité. Et si l'on considère chaque configuration, les atomes semblables sont absolument illimités en nombre, alors que du point de vue de leurs différences respectives ils ne sont pas absolument illimités, mais seulement impossibles à saisir dans leur globalité, [43] si l'on ne veut pas les renvoyer absolument à l'infini du point de vue de leurs grandeurs également.

En outre, les atomes se meuvent de manière continue et cela éternellement, les uns *<lacune>* se tenant à grande distance les uns des autres, alors que les autres au contraire maintiennent leur vibration lorsqu'ils se trouvent enfermés par leur enchevêtrement ou enveloppés par des atomes enchevêtrés. [44] Car la nature du vide, qui sépare chacun d'eux en lui-même, permet cela, parce qu'elle n'est pas à même de fournir un appui. La solidité propre aux atomes, dans le choc, les fait rebondir en vibrant, pour autant que l'enchevêtrement permette, à la suite de ce choc, le retour à la position antérieure. Il n'y a pas de commencement à ces mouvements, les atomes et le vide étant éternels […].

[55] […] [DK 68 A 43] Mais il ne faut pas non plus croire que toute grandeur se trouve dans les atomes, afin que les choses apparentes n'opposent pas contestation. Il faut seulement admettre qu'il y a certaines variations de grandeurs. En ajoutant cela, en effet, on rendra mieux

compte de ce qui relève des affections et des sensations. [56] D'autre part, il n'est pas besoin que toutes les grandeurs soient pour qu'il y ait des différences entre les qualités ; et il faudrait en même temps que des atomes nous soient finalement visibles, ce que l'on ne voit pas se produire, et l'on ne peut pas concevoir comment un atome pourrait devenir visible.

Épicure, *Lettre à Hérodote*, § 38-44 ; 55-56.

D. 2

Qu'y a-t-il dans la physique d'Épicure qui ne soit de Démocrite ? Bien qu'il ait fait quelques changements, comme ce que j'ai dit un peu plus haut à propos de la déclinaison des atomes, il dit toutefois le plus souvent la même chose : les atomes, le vide, les images, l'infinité des lieux et la quantité innombrable des mondes, leur origine et leur destruction ; à peu près tout ce que contient l'enquête sur la nature.

Cicéron, *De la nature des dieux*, I, 26, 73 [DK 68 A 51].

D. 3

<à propos des éléments> Quant à Démocrite d'Abdère, il a dit qu'il s'agissait des natures insécables, et il a bien fait de le dire, mais, puisqu'il s'est trompé à leur sujet sur certains points, on examinera sa position au cours de l'exposé de nos propres doctrines.

Diogène d'Œnoanda, fgt 6 II 9-III 1 Smith.

D. 4

[58] Pour ce qui est du *minimum* sensible, il faut songer attentivement au fait qu'il n'est pas de même ordre que ce qui admet le passage <d'une partie à l'autre>, et qu'il n'en est pas non plus totalement dissemblable, mais il a quelque chose en commun avec ce qui admet

ces passages, sans qu'on y discerne toutefois de parties. Mais quand, à cause de la ressemblance induite par ce caractère commun, nous croyons y discerner quelque partie – celle-ci étant de ce côté-ci et celle-là de l'autre –, nécessairement s'impose à nous ce constat qu'il y a égalité <de grandeur>. Nous nous représentons ces <parties> l'une à la suite de l'autre en partant de la première, non pas comme étant dans un même <lieu> ou comme étant en contact mutuel par leurs propres parties, mais en tant qu'elles donnent, chacune d'elles étant prise dans sa singularité, une mesure aux grandeurs : le plus pour ce qui est plus grand; le moins pour ce qui est moins grand.

Il faut admettre que cette analogie s'applique aussi au *minimum* dans l'atome. [59] Il est bien clair en effet que celui-ci diffère par sa petitesse du *minimum* considéré du point de vue de la sensation mais que la même analogie s'applique. Dès lors en effet que nous avons posé que l'atome avait une grandeur, nous l'avons qualifié d'après cette analogie, ne faisant que projeter au loin quelque chose de petit.

En outre, il faut admettre que les limites minimales et incomposées des grandeurs procurent l'unité de mesure, elles-mêmes valant comme entités premières, par laquelle nous mesurons les grandeurs plus ou moins grandes, dès lors que nous considérons par la raison les réalités invisibles. Il suffit en effet, pour parvenir à ce résultat, d'invoquer le caractère commun qu'elles partagent avec ce qui n'admet pas de changement. En revanche, qu'elles se rassemblent et soient dotées de mouvement, cela ne peut assurément se produire.

Épicure, *Lettre à Hérodote*, § 58-59.

D. 5

Ceux qui, les premiers, ont enquêté sur les causes de manière suffisante, dépassant de loin les prédécesseurs mais aussi et bien plus encore ceux qui sont venus ensuite, bien qu'ils aient évité de grandes erreurs sur nombre de questions, s'abusèrent eux-mêmes sur un point en rendant la nécessité et le hasard causes de toutes choses.

Épicure, *De la nature*, Papyrus d'Herculanum 1056, col. 25, fgt 34 Arrighetti [DK 68 A 69].

D. 6

[2] … Donc, une fois la divination [éliminée][1], quelle autre preuve du destin y a-t-il ? Si en effet quelqu'un use du raisonnement de Démocrite, en disant que les atomes n'ont aucun mouvement libre à cause de leur collision réciproque, et qu'en conséquence toutes les choses paraissent mues par la nécessité, nous dirons à son encontre : « [Ne] sais-tu [pas], qui *[3]* que tu sois, qu'il y a aussi dans les atomes un certain mouvement libre, que Démocrite n'a pas découvert, mais qu'Épicure a mis en lumière, qu'il y a un mouvement de déviation, comme ce dernier le montre à partir des phénomènes ? » Et le plus important : si l'on croit à un destin, on supprime toute admonestation et tout reproche, et, de même, les méchants, [il n'est pas juste de les punir, puisqu'ils ne sont pas responsables de leurs offenses].

Diogène d'Œnoanda, fgt 54 II-III Smith [contient DK 68 A 50].

1. Les crochets droits dans les fragments de Diogène d'Œnoanda correspondent aux lacunes dans l'inscription. L'édition de référence pour le texte grec est celle de M.F. Smith, *Diogenes of Oinoanda. The Epicurean Inscription*, Napoli, Bibliopolis, 1993.

D. 7

Aussi, je le répète encore, il faut que les atomes s'écartent un peu de la verticale ; mais à peine et le moins possible, que nous n'ayons pas l'air d'imaginer des mouvements obliques ; ce que réfuterait la réalité. Car c'est chose visible, manifeste, évidente que les corps pesants ne peuvent d'eux-mêmes prendre une direction oblique en tombant, pour autant que nous puissions le discerner. Mais qu'ils ne dévient absolument pas de la verticale, qui donc pourrait s'en apercevoir ?

Enfin si toujours tous les mouvements sont solidaires, si toujours un mouvement nouveau naît d'un plus ancien suivant un ordre inflexible, si par leur déclinaison les atomes ne prennent pas l'initiative d'un mouvement qui rompe les lois du destin pour empêcher la succession indéfinie des causes, d'où vient cette liberté accordée sur terre à tout ce qui respire, d'où vient, dis-je, ce pouvoir arraché aux destins, qui nous fait aller partout où nous conduit notre volonté, et, comme les atomes, nous permet de changer de direction, sans être déterminés par le temps ni par le lieu, mais suivant le gré de notre esprit lui-même ? Car sans aucun doute de pareils actes ont chez nous leur principe dans la volonté ; c'est la source d'où le mouvement se répand dans nos membres.

Ne vois-tu pas aussi que, à l'instant précis où s'ouvrent les loges, les chevaux, malgré leur impatience, ne peuvent s'élancer aussi soudainement que le souhaite leur esprit lui-même ? Il faut en effet que s'anime toute la masse de matière éparse dans tout le corps, et qu'une fois animée dans l'organisme elle suive d'un même élan le désir de l'esprit. D'où tu peux voir que le principe du mouvement a son origine dans le cœur, que c'est de la volonté de l'esprit qu'il procède d'abord, que de là il se communique ensuite à l'ensemble du corps et des membres. [270]

Il ne se passe rien de semblable quand nous sommes poussés et projetés en avant par un choc, par une puissante force étrangère, par une puissante contrainte. En ce cas en effet, toute la matière de notre corps entier est évidemment entraînée et emportée malgré nous, jusqu'à ce qu'elle soit refrénée dans tous nos membres par la volonté. [275] Ainsi vois-tu maintenant, bien qu'une force extérieure souvent pousse l'homme, souvent l'oblige à marcher malgré lui, et même l'emporte et le précipite, qu'il y a pourtant dans notre cœur quelque chose capable de la combattre et de lui résister? [280] C'est au gré de cette volonté que la masse de la matière est, elle aussi, contrainte de se diriger dans le corps et dans les membres, qu'elle est refrénée dans son élan, et ramenée au repos en arrière.

Aussi faut-il accorder aux atomes la même propriété, et reconnaître qu'il existe en eux, outre les chocs et la pesanteur, une autre cause motrice, d'où provient en nous le pouvoir de la volonté, puisque, nous le voyons, de rien, rien ne peut naître. [285] La pesanteur sans doute empêche que tout ne se fasse par des chocs, c'est-à-dire par une force extérieure : mais si l'esprit lui-même n'est pas régi dans tous ses actes par une nécessité intérieure, s'il échappe à cette domination et n'est pas réduit à une entière passivité, c'est l'effet de cette légère déviation des atomes, en un lieu, en un temps que rien ne détermine. [290]

Lucrèce, *De rerum natura*, II, 243-293,
trad. A. Ernout, Paris, Les Belles Lettres, 1935.

D. 8

Un monde est une portion du ciel enveloppant les astres, la terre et tout ce qui apparaît, qui constitue une section, prélevée sur l'infini, se terminant par une limite ténue ou dense – limite dont la dissolution entraînera la ruine de tout ce qu'elle contient –, en rotation ou au repos, et de contour rond, ou triangulaire, ou de toute autre forme. Elle admet toutes les formes, car rien ne le conteste parmi ce qui nous apparaît dans ce monde-ci, où il n'est pas possible de concevoir quelque chose qui le termine.

[89] Que de tels mondes soient infinis en nombre, on peut le concevoir, comme aussi le fait qu'un monde de ce type puisse naître aussi bien dans un monde que dans un intermonde – c'est ainsi que nous appelons un espace intermédiaire entre des mondes –, dans un lieu en grande partie vide – mais pas dans une immensité absolument vide, comme certains le disent –, certaines semences appropriées ayant afflué – depuis un unique monde ou un intermonde ou depuis plusieurs mondes –, produisant peu à peu des adjonctions, des articulations et des migrations vers un autre lieu – au gré du hasard –, ainsi que des pluies de matériaux appropriés, jusqu'à un état d'achèvement et de stabilité, à proportion de ce que peuvent recevoir les fondations qui sous-tendent la structure. [90] Il ne suffit pas, en effet, que se forme un agrégat ou un tourbillon dans un vide où, selon une certaine opinion, un monde peut, par nécessité, naître et croître jusqu'à ce qu'il se heurte à un autre, comme le dit l'un de ceux qu'on appelle « physiciens », car cela est en conflit avec les choses apparentes.

Épicure, *Lettre à Pythoclès*, § 88-90 [contient DK 67 A 24].

LES SIMULACRES

La vision

D. 9

Il faut admettre également que c'est parce que quelque chose provenant de l'extérieur pénètre en nous que nous voyons les formes et que nous pensons. Les choses extérieures, en effet, ne sauraient imprimer la couleur et la forme qui leur sont naturellement propres par le moyen de l'air intermédiaire qui les sépare de nous, ni par le moyen de rayons ou de quelque flux que ce soit allant de nous à elles, de la manière dont elles le font, et qui s'explique par le fait que certaines empreintes pénètrent en nous, en provenance de réalités auxquelles elles sont identiques par la couleur et par la forme, en adaptant leur taille à notre vue et à notre pensée, et accomplissant des déplacements très rapides, [50] empreintes qui restituent ensuite, pour cette raison, l'image d'un objet un et continu, et préservent la sympathie à distance du substrat, grâce à la pression proportionnée qui vient de ce dernier, et qui tient à la vibration des atomes dans la profondeur du solide.

Et l'image – de la forme ou des propriétés – que nous recevons en l'appréhendant par la pensée ou bien par les organes des sens est la forme même du corps solide, et elle se constitue en conformité avec la suite serrée du simulacre ou avec son effet résiduel. Quant au faux et à l'erroné, ils résident toujours dans le fait d'ajouter un jugement à ce qui attend encore d'être attesté ou non contesté, et qui s'avère, par la suite, non attesté ou contesté, en vertu d'un certain mouvement en nous-mêmes, qui est lié à l'appréhension de l'image, mais qui comporte un écart, mouvement par lequel le faux se produit.

Épicure, *Lettre à Hérodote*, § 49-50.

Les rêves

D. 10

Lorsque nous dormons, tous les organes sensoriels étant comme paralysés et de nouveau éteints [sous l'effet du] sommeil, l'âme [encore] éveillée [et incapable de connaître] *[5]* la situation et la condition dans lesquelles [les sens] se trouvent alors, mais recevant en elle les simulacres qui peuvent se présenter, adopte à leur propos une opinion invérifiable et fausse, à savoir qu'ils ont, eux aussi, la véritable existence de ce qui a une nature solide. Les moyens de réfuter l'opinion, en effet, sont alors endormis. Or ces moyens ne sont autres que les organes des sens. Car [ils] demeurent la règle et le *[6]* critère [de la vérité, par rapport à nos rêves]. [Mais contre] ton argument, [Démocrite, nous objecterons ceci :] la [nature des songes n'est aucunement] envoyée [par les dieux[1], comme tu le dis, ni susceptible de nous admonester, mais, bien plutôt, ce qui produit les rêves, ce sont selon moi] certaines [natures, de sorte que l'argument] sophis[tique est retourné]…

Diogène d'Œnoanda, fgt 9 IV 7 - VI 14 Smith.

1. Voir Épicure, *Sentence vaticane* 24 : « Les rêves ne participent ni du divin ni d'une puissance divinatoire, mais sont dus à un impact de simulacres. »

D. 11

<le plaisir éprouvé lors du rêve érotique est réel> [4] … Il ne faut donc pas déclarer vides [ces apparitions], étant donné qu'elles ont un tel pouvoir. Mais à l'inverse il ne faut pas non plus dire : « si elles ne sont pas vides, elles possèdent [sensation] et raisonnement et elles s'entretiennent réellement avec nous », *[5]* comme le suppose Démocrite. Il n'y a en effet aucun moyen pour que de tels pouvoirs s'attachent à des membranes aussi subtiles et qui n'ont pas la profondeur propre à une nature solide. Ces hommes, les stoïciens d'un côté et Démocrite de l'autre, se sont donc égarés en des sens opposés : les stoïciens privent les images d'un pouvoir qu'elles ont bel et bien, tandis que Démocrite les gratifie d'un pouvoir qu'elles n'ont pourtant pas.

Diogène d'Œnoanda, fgt 10 Smith IV 7 - V 14.

D. 12

Ces simulacres n'ont donc pas la moindre sensibilité, comme *[2]* le croit Démocrite, [étant donné qu']ils sont constitués d'atomes subtils et ne peuvent être observés que par la pensée.

Diogène d'Œnoanda, fgt 43 I 12 - II 5 Smith.

DÉMOCRITE EST-IL SCEPTIQUE ?

D. 13

[2] … Démocrite également s'est trompé d'une manière qui n'est pas digne de lui, lorsqu'il a affirmé que les atomes seuls ont, dans les choses, une véritable existence, tandis que tout le reste est par convention. Selon ton raisonnement, en effet, Démocrite, non seulement il

est impossible de découvrir le vrai, mais nous ne pouvons même pas vivre, ni nous garder du feu, ni du meurtre…

Diogène d'Œnoanda, fgt 7 II 2-14 Smith.

D. 14

Colotès commence par reprocher à Démocrite le fait que, disant qu'aucune chose n'est plus telle que telle, il a plongé la vie humaine dans la confusion. Mais Démocrite est tellement éloigné de croire qu'aucune chose n'est plus telle que telle, qu'il a combattu Protagoras le sophiste pour avoir dit cela et écrivit contre lui beaucoup d'arguments convaincants. Colotès, qui ne les a jamais lus, pas même en rêve, s'est trompé sur les propos de cet homme, lorsqu'il <Démocrite> explique que le « quelque chose » (δὲν) n'est pas plus que le rien (μηδὲν)[1], appelant « quelque chose » le corps et « rien » le vide, dans l'idée qu'il possède une certaine nature et une existence propre.

Plutarque, *Contre Colotès*, 1108 F – 1109 A [DK 68 B 156].

D. 15

Dans sa seconde attaque, il <Colotès> oublie plus encore qu'il expulse de la vie Épicure autant que Démocrite. Il dit que les propos de Démocrite, « la couleur est par convention, le sucré est par convention et un composé est par convention, comme toutes les autres choses, mais existent en réalité (ἐτεῇ) les atomes et le vide », sont une attaque contre les sens et que quiconque s'en remettrait à ce discours et le mettrait en pratique ne pourrait pas même se concevoir lui-même comme un homme ou comme étant en vie.

1. Démocrite dérive δὲν de μηδὲν, comme si, à partir du mot « néant », nous appelions l'être « ant ».

Je ne peux nier l'authenticité de ces propos, mais je peux dire qu'ils sont inséparables des thèses d'Épicure autant que la figure et le poids sont, à leurs yeux, inséparables de l'atome <suit le témoignage n° 51 [DK 68 A 57]>.

Plutarque, *Contre Colotès*, 1110 E-F.

D. 16

Le point de vue d'un sceptique : [213] Mais on dit également que la philosophie démocritéenne a quelque chose en commun avec la tendance sceptique, puisqu'elle semble traiter de la même matière que nous ; car, du fait qu'aux uns le miel paraît sucré, alors qu'aux autres il paraît amer, Démocrite, dit-on, infère qu'il n'est ni sucré ni amer, et pour cette raison ajoute le « pas plus » (οὐ μᾶλλον), qui est une formule sceptique. C'est pourtant d'une manière différente que se servent de la formule « pas plus », d'une part les sceptiques, d'autre part ceux qui parlent d'après Démocrite. Ceux-ci en effet emploient la formule dans l'idée qu'un terme n'existe pas plus que son contraire, alors que, pour notre part, c'est pour dire que nous ignorons lequel des deux phénomènes est réel ou si aucun des deux ne l'est. [214] Ainsi, nous différons également sur ce point, et la distinction devient particulièrement évidente, lorsque Démocrite dit : « En réalité (ἐτεῇ) les atomes et le vide. » « En réalité », en effet, est le terme qu'il emploie pour « en vérité ». Or, qu'il diffère de nous en soutenant qu'« en vérité » il y a des atomes et du vide, et cela même s'il part de l'inconstance des phénomènes, il est superflu, je crois, de l'établir.

Sextus Empiricus, *Hypotyposes pyrrhoniennes*, I, 213-214.

TABLE DE CORRESPONDANCE AVEC L'ÉDITION DIELS-KRANZ

Morel : Diels-Kranz
1 : 68 A 1
2 : 68 A 29
3 : 68 B 299
4 : 68 A 18
5 : 68 A 18
6 : 68 A 17
7 : 68 A 17a
8 : 68 A 20
9 : 68 A 34
10 : 68 A 34
11 : 68 A 21
12 : 68 A 21
13 : 68 A 22
14 : 68 A 23
15 : 68 A 27
16 : 68 A 24
17 : 68 A 33
18 : 68 A 55
19 : 68 A 55
20 : 68 A 35
21 : 68 A 36
22 : 68 A 1
23 : 67 A 7
24 : 68 A 40
25 : 68 A 80
26 : 68 A 81
27 : 67 A 6
28 : 68 A 45
29 : 67 A 9
30 : 67 A 14
31 : 67 A 14
32 : 67 A 20
33 : 67 A 21
34 : 67 A 22
35 : 67 A 23
36 : 67 A 15
37 : 67 A 16
38 : 67 A 6
39 : 68 A 37
40 : 68 A 38
41 : 67 A 19
42 : 68 A 39
43 : 68 A 43
44 : 68 A 41
45 : 68 A 47
46 : 68 A 47
47 : 67 A 13
48 : 67 A 19
49 : 68 A 58
50 : 68 A 58
51 : 68 A 57

52 : 68 A 38
53 : 68 A 60a
54 : 68 A 46a
55 : 68 A 60
56 : 68 A 60
57 : 68 A 61
58 : 68 A 63
59 : 68 A 64
60 : 68 A 84
61 : 68 A 82
62 : 68 A 66
63 : 68 A 66
64 : 68 A 65
65 : 68 A 67
66 : 68 A 68
67 : 68 A 68
68 : 68 A 69
69 : 68 A 71
70 : 68 A 72
71 : 68 A 71
72 : 68 B 12
73 : 67 B 1
74 : 68 A 85
75 : 68 A 86
76 : 68 A 87
77 : 68 B 25
78 : 68 A 89
79 : 68 A 89a
80 : 68 A 90
81 : 68 A 88
82 : 68 A 91
83 : 68 A 91
84 : 68 A 91
85 : 68 A 92
86 : 68 A 92
87 : 68 B 155
88 : 68 B 155, note
89 : 68 A 62
90 : 68 A 73
91 : 68 A 165
92 : 68 B 15
93 : 68 A 94
94 : 68 A 95
95 : 68 A 96
96 : 68 A 93
97 : 68 A 93a
98 : 68 A 97
99 : 68 A 98
100 : 68 A 99
101 : 68 A 99a
102 : 68 A 100
103 : 68 A 101
104 : 68 A 139
105 : 68 A 139
106 : 68 B 32
107 : 68 A 141
108 : 68 A 142
109 : 68 B 148
110 : 68 A 144
111 : 68 A 144
112 : 68 A 145
113 : 68 A 143
114 : 68 A 143
115 : 68 A 149
116 : 68 A 146
117 : 68 A 147
118 : 68 A 106
119 : 68 A 136
120 : 68 B 1
121 : 68 A 148

122 : 68 A 150
123 : 68 A 157
124 : 68 A 158
125 : 68 A 155a
126 : 68 B 164
127 : 68 A 49
128 : 68 A 125
129 : 68 A 123
130 : 68 A 126
131 : 67 A 29
132 : 68 A 129
133 : 68 A 133
134 : 68 A 134
135 : 68 A 127
136 : 68 A 128
137 : 68 A 135
138 : 67 A 29
139 : 67 A 29
140 : 67 A 31
141 : 68 A 119
142 : 68 A 121
143 : 68 A 122
144 : 68 A 77
145 : 68 A 118
146 : 68 A 136
147 : 68 A 137
148 : 68 A 77
149 : 67 A 28
150 : 68 A 102
151 : 68 A 103
152 : 68 A 104
153 : 68 A 105
154 : 68 A 105
155 : 68 A 105
156 : 68 A 101
157 : 68 A 108
158 : 68 A 117
159 : 68 A 109
160 : 68 B 118
161 : 67 A 32
162 : 67 A 30
163 : 67 A 30
164 : 68 A 115
165 : 68 A 116
166 : 68 A 112
167 : 68 A 113
168 : 68 A 114
169 : 68 A 59
170 : 68 B 125
171 : 68 A 111 ; 68 B 6 à 11
172 : 68 B 117
173 : 68 B 26
174 : 68 B 142
175 : 68 B 17
176 : 68 B 18
177 : 68 B 21
178 : 68 B 144
179 : 68 B 157
180 : 68 A 78
181 : 68 A 79
182 : 68 A 74
183 : 68 B 166
184 : 68 A 76
185 : 68 A 74
186 : 68 A 74
187 : 68 A 75
188 : 68 B 30
189 : 68 A 166
190 : 68 B 2
191 : 68 B 3

192 : 68 B 4
193 : 68 B 33
194 : 68 B 34
195 : 68 B 35
196 : 68 B 37
197 : 68 B 38
198 : 68 B 39
199 : 68 B 40
200 : 68 B 41
201 : 68 B 42
202 : 68 B 43
203 : 68 B 45
204 : 68 B 46
205 : 68 B 47
206 : 68 B 48
207 : 68 B 49
208 : 68 B 50
209 : 68 B 51
210 : 68 B 52
211 : 68 B 53
212 : 68 B 53a
213 : 68 B 54
214 : 68 B 55
215 : 68 B 56
216 : 68 B 57
217 : 68 B 58
218 : 68 B 59
219 : 68 B 60
220 : 68 B 61
221 : 68 B 62
222 : 68 B 63
223 : 68 B 64
224 : 68 B 65
225 : 68 B 66
226 : 68 B 67
227 : 68 B 68
228 : 68 B 69
229 : 68 B 70
230 : 68 B 71
231 : 68 B 72
232 : 68 B 73
233 : 68 B 74
234 : 68 B 75
235 : 68 B 76
236 : 68 B 77
237 : 68 B 78
238 : 68 B 79
239 : 68 B 80
240 : 68 B 81
241 : 68 B 82
242 : 68 B 83
243 : 68 B 84
244 : 68 B 85
245 : 68 B 86
246 : 68 B 87
247 : 68 B 88
248 : 68 B 89
249 : 68 B 90
250 : 68 B 91
251 : 68 B 92
252 : 68 B 93
253 : 68 B 94
254 : 68 B 95
255 : 68 B 96
256 : 68 B 97
257 : 68 B 98
258 : 68 B 99
259 : 68 B 100
260 : 68 B 101
261 : 68 B 102

262 : 68 B 103
263 : 68 B 104
264 : 68 B 105
265 : 68 B 106
266 : 68 B 107
267 : 68 B 107a
268 : 68 B 108
269 : 68 B 109
270 : 68 B 110
271 : 68 B 111
272 : 68 B 112
273 : 68 B 113
274 : 68 B 114
275 : 68 B 115
276 : 68 B 119
277 : 68 B 145
278 : 68 B 146
279 : 68 B 149
280 : 68 B 153
281 : 68 B 154
282 : 68 B 158
283 : 68 B 159
284 : 68 B 160
285 : 68 B 169
286 : 68 B 170
287 : 68 B 171
288 : 68 B 172
289 : 68 B 173
290 : 68 B 174
291 : 68 B 175
292 : 68 B 176
293 : 68 B 177
294 : 68 B 178
295 : 68 B 179
296 : 68 B 180
297 : 68 B 181
298 : 68 B 182
299 : 68 B 183
300 : 68 B 184
301 : 68 B 185
302 : 68 B 186
303 : 68 B 187
304 : 68 B 188
305 : 68 B 189
306 : 68 B 190
307 : 68 B 191
308 : 68 B 192
309 : 68 B 193
310 : 68 B 194
311 : 68 B 195
312 : 68 B 196
313 : 68 B 197
314 : 68 B 198
315 : 68 B 199
316 : 68 B 200
317 : 68 B 201
318 : 68 B 202
319 : 68 B 203
320 : 68 B 204
321 : 68 B 205
322 : 68 B 206
323 : 68 B 207
324 : 68 B 208
325 : 68 B 209
326 : 68 B 210
327 : 68 B 211
328 : 68 B 212
329 : 68 B 213
330 : 68 B 214
331 : 68 B 215
332 : 68 B 216
333 : 68 B 217

334 : 68 B 218
335 : 68 B 219
336 : 68 B 220
337 : 68 B 221
338 : 68 B 222
339 : 68 B 223
340 : 68 B 224
341 : 68 B 225
342 : 68 B 226
343 : 68 B 227
344 : 68 B 228
345 : 68 B 229
346 : 68 B 230
347 : 68 B 231
348 : 68 B 232
349 : 68 B 233
350 : 68 B 234
351 : 68 B 235
352 : 68 B 236
353 : 68 B 237
354 : 68 B 238
355 : 68 B 239
356 : 68 B 240
357 : 68 B 241
358 : 68 B 242
359 : 68 B 243
360 : 68 B 244
361 : 68 B 245
362 : 68 B 246
363 : 68 B 247
364 : 68 B 248
365 : 68 B 249
366 : 68 B 250
367 : 68 B 251
368 : 68 B 252
369 : 68 B 253
370 : 68 B 254
371 : 68 B 255
372 : 68 B 256
373 : 68 B 257
374 : 68 B 258
375 : 68 B 259
376 : 68 B 260
377 : 68 B 261
378 : 68 B 262
379 : 68 B 263
380 : 68 B 264
381 : 68 B 265
382 : 68 B 266
383 : 68 B 267
384 : 68 B 268
385 : 68 B 269
386 : 68 B 270
387 : 68 B 271
388 : 68 B 272
389 : 68 B 273
390 : 68 B 274
391 : 68 B 275
392 : 68 B 276
393 : 68 B 277
394 : 68 B 278
395 : 68 B 279
396 : 68 B 280
397 : 68 B 281
398 : 68 B 282
399 : 68 B 283
400 : 68 B 284
401 : 68 B 285
402 : 68 B 286
403 : 68 B 287
404 : 68 B 288
405 : 68 B 289

406 : 68 B 290
407 : 68 B 291
408 : 68 B 292
409 : 68 B 293
410 : 68 B 294
411 : 68 B 295
412 : 68 B 296
413 : 68 B 297
414 : 67 B 298a
415 : 67 A 5
416 : 67 A 1
417 : 67 A 24
418 : 67 A 8
419 : 67 A 10
420 : 67 A 17
421 : 67 A 18
422 : 67 A 27
423 : 67 A 35
424 : 67 A 34
425 : 67 A 28
426 : 67 A 33
427 : 67 A 37
428 : 67 B 2

D. 2 : 68 A 51
D. 5 : 68 A 69
D. 6 : 68 A 50
D. 8 : 67 A 24
D. 14 : 68 B 156

BIBLIOGRAPHIE

Éditions et traductions

DIELS H., KRANZ W., *Die Fragmente der Vorsokratiker*, II, Berlin, Weidmann, 6ᵉ éd. : 1952.

DUMONT J.-P., *Les Présocratiques*, préf., trad. et notes, avec la collaboration de D. Delattre et J.-L. Poirier, Paris, Gallimard, 1988.

LAKS A., MOST G.W., *Early Greek Philosophy*, vol. VII, Part 2 : *Later Ionian and Athenian Thinkers*, Edited and Translated, Cambridge (Massachusetts) – London, Harvard University Press, 2016.

LAKS A., MOST G.W., *Les débuts de la philosophie. Des premiers penseurs grecs à Socrate*, édition et traduction, avec la collaboration de G. Journée et le concours de L. Iribarren et D. Lévystone, 2ᵉ édition, Paris, Fayard, 2016 [p. 939-1131].

LESZL W., *I Primi atomisti. Raccolta dei testi che riguardano Leucippo e Democrito*, Firenze, Olschki, 2009.

LURIA S., *Democritea coll., emend., interpretatus est*, Leningrad, 1970 (textes grecs et latins, un grand nombre des témoignages présentés ne figurant pas dans Diels-Kranz, traduction et commentaire en russe) ; traduction italienne : *Democrito. Raccolta dei frammenti, interpretazione e commentario*, Milano, Bompiani, 2007.

TAYLOR C.C.W., *The Atomists : Leucippus and Democritus. Fragments*, a Text and Translation with a Commentary, Toronto-Buffalo, University of Toronto press, 1999.

Études

ALFIERI V.E., *Atomos Idea : l'origine del concetto dell'atomo nel pensiero greco*, Firenze, Le Monnier, 1953[1] ; Galatina, Congedo, 1979[2].

BRANCACCI A., MOREL P.-M. (éd.), *Democritus : Science, the Arts and the Care of the Soul*, Leiden-Boston, Brill, 2007.

BRUNSCHWIG J., articles « Démocrite » et « Leucippe », dans D. Huisman (dir.), *Dictionnaire des philosophes*, Paris, P.U.F., 1984.

MOREL P.-M., *Démocrite et la recherche des causes*, Paris, Klincksieck, 1996.

– *Atome et nécessité. Démocrite, Épicure, Lucrèce*, Paris, P.U.F., 2000 ; 2013[2].

O'BRIEN D., *Theories of Weight in the Ancient World*, I : *Democritus, Weight and Size*, Paris-Leiden, Brill, 1981.

ROMANO F. (a cura di), *Democrito e l'atomismo antico, Atti del convegno internazionale*, Siculorum Gymnasium, 33, Napoli, 1980.

SALEM J., *Démocrite. Grains de poussière dans un rayon de soleil*, Paris, Vrin, 1996.

WARREN J., *Epicurus and Democritean Ethics. An Archaeology of* Ataraxia, Cambridge, Cambridge University Press, 2002.

TABLE DES MATIÈRES

FRAGMENTS ET TÉMOIGNAGES
(TRADUCTION DE M. SOLOVINE RÉVISÉE)

Achevé d'imprimer en août 2024 sur les presses de
La Manufacture - *Imprimeur* – 52200 Langres – Tél. : (33) 325 845 892
Imprimé en France – N° : 240672 – Dépôt légal : janvier 2020